내 작은 정원 이야기

내 작은 정원 이야기

선요 지음

A Little Garden of My Own

ㅅㅈ

크리스마스이브에 초인종을 눌렀던 그녀처럼
생각지도 못한 용기가
삶을 더 넓은 곳으로 인도해줄지도 모르지.

추천의 글

식물과 함께하는 삶은 내가 그들을 돌보는 것이 아니라 그들이 나를 돌보는 것임을 깨닫는다. 식물은 자신을 보살피는 대가로 우리에게 '어떻게 살 것인가'에 대한 해답을 준다. 그들을 위해 우리가 해야 할 일은 바람처럼 불어오는 불안, 욕심, 조바심을 흘려보내고 흙 속의 씨앗에서 돋아날 새싹을, 휑해진 가지에 곧 새순이 피어날 것을 믿고 기다리는 것뿐이다. 그동안 나는 완벽한 때를 기다리다 시도조차 하지 못했던 적이 얼마나 많았는지. 작은 화분 하나가 숲이 되어가는 과정을 보며 초라할지라도 나에게 주어진 환경에서부터 시작해보자는 용기를 얻었다.

－『예진문의 취미기록』 문예진 작가

식물을 가꾸는 사람은 내일을 믿는 사람, 즉 삶에 대한 의지가 분명한 사람이라 믿고 있다. 버거운 삶을 내려놓고 싶은 순간이 오면 나는 자문한다. '너와 매일 은밀히 대화를 나눈 작은 나무들이 어떻게 될지 궁금하지 않아?' 나는 식물을 좋아하지 않는 사람에게 이 책을 추천하고 싶다. 흙 속에 묻힌 가능성을 홀로 기대하고, 좌절하고, 기다리고, 끝내 희망을

내 작은 정원 이야기

포획하고 만 저자의 시간을 함께 통과하면서 한 걸음 앞으로 나아가고 싶다. 이제 당신 차례. 당신은 흙 속에서 꿈틀대면서 무엇을 만들어갈 것인가.

-「포에지」성보람 대표

마음이 마를 때마다 꺼내 읽고 싶은 계절의 기록. '내 작은 정원 이야기'라는 제목이 때로 '내 작은 마음 이야기'로 읽히기도 했다. 식물을 돌보는 건 결국 마음과 삶을 어루만지는 일임을 배웠다. 저자는 읽는 이의 마음속에 작은 초록 하나가 떠오른다면 그것으로 충분하다 했지만, 내 마음은 한여름의 무성한 초록 숲이 되었다.

-『오케이 라이프』오송민 작가

이 책은 모범적인 원예 일기이자, 교훈적인 가정 원예 사례다. 그러나 이 책에는 원예 교과서에 없는 것들이 있다. 이를테면 우리가 식물을 사랑할 때 따라오는 것들. 기다림을 즐기는 마음, 예상치 못한 돌발 현상을 마주하는 담대함, 재개발을 앞둔 오래된 마을의 아름다움을 알아채는 안목, 그리고 저 먼 미지의 어디가 아닌 우리 집이 가장 특별하고 새로운 장소가 되는 방법…. 인간과 식물의 공존이 인간의 마음에 달려 있다면, 이 책은 그 공존에 한 발짝 다가서게 만들어 줄 것이다.

-『식물의 책』식물세밀화가 이소영 작가

차례

추천의 글 • 004
프롤로그 • 010

(봄)

낯선 봄 • 021
엄마의 마음 • 030
전환점 • 038
그때 • 046
다음 스텝 • 054
봄이라는 계절은 • 061

(여름)

운명공동체 • 073
모순적인 사랑 • 084
할머니와 베고니아 • 094
미완성 정원 • 104
S의 아보카도 • 111
여름과 가을 사이 • 120

가을

라일락의 시간 • 133

잘라내기 • 141

바람의 온도가 바뀌는 계절 • 150

공존 • 158

겨울의 스케치 • 165

민스파이 • 173

겨울

각각의 서사 • 185

네모 속 각자의 초록 • 195

나이테 • 202

겨울의 끝자락 • 211

화분 취향 • 220

나무가 지켜온 시간들 • 228

에필로그 • 240

부록 • 246

프롤로그

나에게는 작은 정원이 있다. 아파트 베란다의 네 평 남짓한 공간을 정원이라 부르기까지는 꽤 오랜 시간이 걸렸다. 처음엔 화분 두어 개로 시작했고 계절이 바뀔 때마다 식물이 조금씩 늘어났다. 어느 순간부터 그곳은 분명한 이름을 가진 공간이 되어 있었다.

정원에 대해 인터뷰를 할 때마다 "식물을 언제부터 키웠나요?"라는 질문은 수도 없이 받아왔지만 그보다 마음이 더 오래 머무는 질문이 하나 있다. "언제부터 식물을 사랑하게 되었나요?" 전자는 "6년 전부터요." 라는 짧은 한마디로 끝나지만 후자는 "제가 어릴 때 부모님이 주말농장을 가꾸셨는데요…."로 시작하는 조금은 긴 이야기다. 쉽게 끝나지 않는 이야기지만 호흡이 긴 이야기에는 서사가 있고 나는 그런 이야기들

내 작은 정원 이야기

을 아주 좋아한다. 누군가와 무언가를 좋아하게 된 데에는 분명 어떤 장면이 있고 감정의 순서가 있으며 아주 오래전의 무심한 순간들이 켜켜이 쌓여 있다. 식물과의 관계도 그랬다.

한 번에 훅 들어온 사랑이 아니었다. 늘 곁에 있었던 것들이 어느 날 문득 다정하게 느껴진, 천천히 다가온 마음이었다.

2000년대 초반 즈음 집 근처엔 그린벨트로 지정된 땅이 많았고 시에서는 그 땅을 주말농장으로 운영했다. 매년 봄이면 아파트 단지마다 신청을 받아 한 가구당 두 평 정도의 땅을 1년 간 빌려주었다. 초등학생이 둘이던 우리 집도 신청을 했고 그 이후로 주말 아침마다 농장으로 향했다. 도로가에 차를 세우고 다른 집 텃밭을 비집고 들어갔다. 부모님도 농사는 해본 적이 없었기 때문에 여름이 되니 오이는 삐뚤게 자라 있었고 토마토는 장대같이 길어져 옆으로 쓰러지기 일쑤였다.

프롤로그

나는 그저 흙냄새가 좋았던 것 같다. 바람에 흔들리는 잎사귀들을 따라 고개를 들고 한참을 바라보던 기억이 난다. 아주 오래전 일인데도 그 풍경만큼은 흐려지지 않았다.

돌아오는 길에는 차창에 이마를 대고 창밖을 멍하니 바라보곤 했는데 그 안에는 텃밭에서 보았던 식물들의 모습이 선명히 남아 있었다. 아마도 부모님은 농사가 생각보다 고된 일이라는 걸 깨달으신 듯했다. 언제부턴가 우리 가족은 주말농장에 가지 않기 시작했고 그곳에서의 일들은 기억 속에서 흐릿해졌다. 그때 내가 식물을 '사랑했다'고 자신 있게 말할 수는 없다. 다만 분명한 건 그 시절의 감각들이 나에게 오래도록 남았다는 것이다. 손에 묻은 흙과 내 키보다 훌쩍 큰 이름 모를 하얀 꽃들 그리고 수확한 채소를 담아놓던 고무대야 같은 것들. 식물과의 인연은 그렇게 감정이라는 이름도 붙기 전에 시작되었는지도 모른다.

프롤로그

...

그 이후로 오랫동안 식물과 거리를 두고 살았다. 어쩌다 우리 집까지 흘러들어온 개업식 난, 선물 받은 고무나무가 그러했듯이, 식물은 늘 곁에 있었지만 돌볼 여유도, 마음도 없었다. 그러다 20대 중반이 되고 하루가 하루를 겨우 밀어내듯 일상을 살아가던 시기에 우연히 화분 하나를 구매했다. 이유는 딱히 없었다. 한번 키워볼까 싶은 마음이었다. 그렇게 작은 초록이 방 안에 들어오고 나서야 깨달았다. 매일 조금씩 자라는 이 생명이 아주 큰 위안이 된다는 걸.

식물과 함께한 시간은 나의 일상을 조금씩 바꾸어놓았다. 서두르지 않고 기다리는 법을 배웠고 무언가를 돌본다는 감각이 여전히 내 안에 남아 있었다는 것도 알게 됐다. 어느 순간부터는 식물에게 말을 걸기도 하고 진심으로 사과하는 날도 생겼다. 그만큼 마음을 쏟았다는 뜻일 것이다. 함께 산다는 건 그런 거니까. 말

없는 생명과 함께하는 삶은 생각보다 많은 것을 요구했고 그보다 더 많은 것을 내게 돌려주었다.

창가에 피어난 한련화를 보는 것만으로도 세상일들이 조금은 덜 두렵게 느껴지는 날들이 있었다. 제때 피어나는 꽃을 보며 계절이 어김없이 돌아온다는 사실만으로도 마음이 놓이곤 했다. 흘러가는 계절 속에 몸을 맡기면 애쓰지 않아도 자연스레 따라가게 되는 흐름이 있다. 이 시간들을 어디엔가 남기고 싶어졌다. 그렇게 정원 일기를 쓰기 시작했고 매달 하나씩 계절과 식물의 기록을 쌓아갔다. 어느 순간부터는 식물과 함께 보낸 시간 자체가 글이 되었다.

...

어떤 시절을 떠올릴 때 누군가는 사람을, 누군가는 장소를, 또 누군가는 그때의 냄새나 빛을 먼저 기억한다고 한다. 나에게는 식물이 그렇다. 어느 해의 여름을 떠올리면 손끝에 느껴지던 상쾌한 토마토 이파리 향이, 어느 가을을 생각하면 붉게 물든 백화등이 생각난다. 뚜렷하게 남아 지워지지 않는 감각들. 그것은 식물에게서 그리고 그 식물을 바라보던 나에게서 비롯된 것들이다. 이 책은 그런 감각들을 따라 써 내려간 기록이다. 네 평짜리 베란다 정원과 작은 방에서 지내온 계절들, 식물 곁에서 바라본 시간들을 담았다. 식물의 이름을 잘 몰라도 그것이 피어 있던 계절과 그 곁에서 머문 시간은 기억할 수 있다. 이 글을 읽는 누군가의 마음속에 작은 초록 하나가 떠오른다면 그것으로 충분하다. 그 초록이 언젠가 당신만의 정원을 불러내는 시작이 되어주기를 바란다.

2025년 여름 정원에서
선요

봄

	낯선 봄	24/03

아보카도, 베고니아, 수국, 등나무, 청나래고사리, 제노비아, 로즈마리, 튤립

이번 3월은 날씨를 종잡을 수가 없다. 어느 날은 기온이 20도 가까이 올랐다가 또 다른 날은 5도 아래로 떨어지는 날들의 연속이다. 변덕스러운 날씨에 아침마다 창밖을 보고 오늘의 날씨가 어떤지 가늠해보곤 한다. 덕분에 아보카도와 베고니아처럼 실내에 있던 식물들을 어디에 둬야 할지가 고민이다. 볕이 잘 들어 온화한 낮엔 화분들을 꼭 베란다로 내놓고 싶어진다. 20도 언저리의 적당한 온도와 살랑이는 바람을 그냥 흘려보내기엔 너무 아쉬우니까. 그래서 하루에도 몇 번씩 화분을 옮기고 있다. 해가 들면 얼른 베란다로

봄

옮기고 해가 떨어지면 다시 실내로 들인다. 자주 가는 한의원의 원장님이 보시면 기함하실지도 모른다. 이래서 허리가 안 낫는 거라며. 뭐 허리야 좀 뻐근하고 말지. 다시 돌아오지 않을 오늘의 햇살과 바람을 놓칠 순 없다.

올해 봄이 유독 까탈스러운 걸까? 얼마 전까지만 해도 봄이 오면 깨어나야 할 식물들이 조용해서 어찌나 불안했는지 모른다. 수국부터 등나무까지, 모두 겨울의 잔상 속에 남아 있는 모습을 보며 무언가 잘못되었나 싶었다. 흙을 만지며 물기를 가늠하고 눈을 크게 뜨고 가지 사이의 틈을 살펴보면서도 마음 한구석은 계속 찜찜했다. 혹시 내가 뭔가 놓친 건 아닐까? 베란다 문을 열어 바람을 느껴보고 볕이 어느 정도로 드는지 살펴보면서도 확신이 들지 않았다. 그 불안은 결국 쓸데없는 행동으로 이어졌다. 물을 줄 필요가 없는데도 습관처럼 물뿌리개를 들고 서성거리고 필요하지 않은 지지대를 괜히 세워보다가 다시 치워버렸다. 식물을 향한 관심과 걱정이 엇나가는 기분이었다. 마치 상대방의 기분을 맞추지 못한 채 엉뚱한 대답을 하는 것처럼. 무언가 부족한 건지 단순히 날씨 탓인지 그 경계를 가늠하는 감각이 무뎌진 것 같았다.

그러다 작년 봄을 떠올렸다. 그때도 이렇게 불안했던가? 작년에는 오히려 조금 여유로웠던 것 같은데. 올해는 유독 확신이 없었다. 마치 올해의 봄이 전과는 다른, 새로운 계절이라도 되는 것처럼. 어쩌면 식물보다 내 마음이 더 불안정했던 것 같다. 그러다 3월이 반쯤 지났을까, 청나래고사리가 움츠렸던 잎을 천천히 펼쳤다. 그 작은 변화가 어찌나 반가웠는지 모른다. 뒤이어 수국, 제노비아도 새순을 틔우며 베란다 정원은 온전한 봄의 품으로 돌아왔다. 그제야 안도했다. 그래, 내가 초조해할 이유가 없었어. 봄은 원래 이런 식으로 오는 거였지. 식물도 사람하고 별반 다르지 않다는 생각이 들었다. 사람도 성격에 따라 조금만 환경이 달라져도 쉽게 스트레스를 받는 것처럼. 우리도

봄

봄을 맞은 청나래고사리. 청나래고사리는 오래된 공원이나 숲속 나무 밑에서 흔하게 볼 수 있다.

수국(위). 봄이 오면 가지마다 자리한 눈이 팝콘처럼 톡하고 트인 후 푸른 잎을 틔워낸다(아래). 수국은 물을 엄청나게 좋아하는 식물이다. 잎이 나는 순간부터는 흙을 늘 촉촉하게 유지하는 것이 좋다.

봄

은방울꽃을 닮은 꽃을 피운다고 해서 '은방울꽃 나무'라는 별명을 갖고 있는 제노비아 풀베룰렌타.

각자 상황에 따라 다르게 반응하고 똑같은 환경 변화에도 각자 다르게 적응하니까. 식물 상태를 가늠하지 않은 채 나의 불안함을 해소하기 위해 했던(전혀 필요가 없었던!) 행동들을 떠올리니 누가 본 것도 아닌데 괜스레 부끄러워졌다.

최근 봄이 오면서 식물 상담을 하는 지인들이 늘었다. 냉해를 입은 로즈마리부터 꽃을 피우지 않는 튤립까지 질문도 다양했다. 늦은 밤 침대에 누워 메시지를 입력했다. 로즈마리는 마른 가지를 바짝 자른 후 기다려보고, 튤립은 지난해에 양분을 다 소진해 구근이 제대로 크지 못한 탓일 거라고 답장을 보냈다. 휴대전화를 옆으로 툭 던지고 멋쩍게 웃었다. 정작 나도 식물을 제대로 알지 못하는데, 이렇게 저렇게 하라며 조언해도 되는 걸까. 순간 한 달 전 모 매거진에 기고했던 글이 떠올랐다. 식물과 삶의 균형에 대해 주절주절 잘도 써놓았는데, 돌아보니 참 우습다고 느껴졌다. 마치 식물을 잘 아는 사람처럼 써놓았지만 정작 곁에 있는

봄

봄비가 내리던 날의 등나무. 속이 훤히 비치는 연둣빛 신엽은 지금 계절에만 볼 수 있다. 흐드러지는 여름의 등나무와는 다른 매력이 있다.

내 작은 정원 이야기

식물들조차 아직 잘 모르니까. "내 마음의 평화는 이 작은 정원에서 온다."라고 그럴듯하게 썼던 문장이 쉽게 머릿속을 떠나지 않았다. 죄를 지은 건 아니지만 무언가 들통난 기분에 한참을 뒤척이다 잠에 들었다.

한동안 이 개운치 않은 기분을 안고 있다가 3월 마지막 주가 되어서야 베란다 정원을 정리하기 시작했다. 마른 이파리를 쓸어내다 문득 등나무가 눈에 들어왔다. 겨우내 앙상했던 가지 끝에서 새싹이 조용히 밀려 나오고 있었다. 봄이라는 계절이 가진 변덕스러움을 묵묵히 견디며 마치 이 정도쯤은 아무렇지 않다는 듯 단단한 기세가 멋졌다. 그 모습을 보며 나도 이렇게 살아야겠다는 생각이 들었다. 환경이 어떻게 변하든, 불안한 날들이 이어지든 나는 내가 해야 할 일을 하며 내 몫의 싹을 틔우면 되는 거라고. 낯선 봄도 결국엔 봄이니까.

봄

| | 엄마의 마음 | 23/03 |

튤립, 수선화, 달리아, 금영화

튤립이 제멋대로 자란다. 노지와는 달리 베란다는 빛이 한쪽 방향으로 든다. 창을 향해 쳐진 튤립 화분을 반대로 돌려놓으면 다음 날엔 제법 일자로 천장을 바라보고 있다. 이 순간은 찰나일 뿐, 하루가 지나면 언제 그랬냐는 듯 다시 창을 바라본다. 일주일 정도 화분 돌리기를 반복하다 보면 c자 튤립, ㄱ자 튤립, s자 튤립까지 온갖 수형의 튤립이 만들어진다. 원예 서적에 나오는 꼿꼿하고 일정하게 자란 튤립과는 거리가 멀지만 내 눈에는 백 점짜리 꽃들이다.

내 작은 정원 이야기

3월이 오면 튤립 화분에 물을 주며 하루를 시작한다. 튤립은 꽃봉오리가 피어나는 순간부터 과하다 싶을 정도로 물이 필요하다. 심은 곳이 노지가 아니라 화분이라면 더욱 그렇다. 화분이라는 제한된 공간에서 수분이 부족한 상태로 반나절 정도가 지나면 튤립은 고개를 푹 숙이고 꽃잎을 떨구기 시작한다. 겨우내 애써 키운 튤립을 오래 감상하려면 흙이 마르지 않도록 매일 물을 주어야 한다.

봄

튤립을 보면서 엄마의 마음이 이런 걸까 싶을 때가 있다. 우리 엄마는 자식에게 한없이 헌신적인 분이다. 타 지역에 있는 고등학교를 다니던 시절, 0교시 시간에 맞추어 일찍 등교를 하는 내가 마음에 걸린다며 늘 방으로 아침 식사를 가져다주셨다. 사회인이 된 지금도 여전하다. 퇴근 후 집에 오면 며칠 전 먹고 싶다며 노래를 부르던 음식이 차려져 있다. 얼마 전에도 전복이 먹고 싶다고 지나가듯 이야기를 한 적이 있었다. 아침에 퇴근을 하고 들어오는데 전복 솥밥이 곱게 차려져 있었다. 그날 저녁에 여쭤보니 엄마는 새벽부터 전복을 손질하고 상을 차린 후 출근하셨단다. 아빠는 버릇이 나빠진다고 좋아하지 않으시지만 이런 '챙김'이라는 엄마의 양분 덕분에 청소년기와 20대 중반, 폭풍 같던 두 번의 사춘기를 무사히 거쳤다. 이리저리 삐뚤어졌던 나를 엄마의 마음으로 튤립에 투영해 보면, 그래, 내 새끼라 어떤 모습이든 좋은 것이다. 안 예쁜 구석이 어딨겠는가.

내 작은 정원 이야기

튤립 핑크 임프레션과 라일락 퍼펙션. 나는 은은한 파스텔 톤의 튤립을 좋아하지만 엄마의 취향인 화려한 튤립도 있어야 한다. 베란다 면적의 3분의 2를 내가 쓰고 있는 입장이라 가족 모두의 눈을 만족시켜야 할 의무가 있다. 그래서 구근을 고를 땐 부모님 취향의 화려한 품종 몇 가지를 끼워 넣는다. 의도치 않았지만 덕분에 봄 정원이 더 다채로워지는 게 아닐까 싶다.

이 세상에서 나를 가장 아껴주는 사람이 내가 일군 무언가를 보며 행복하다 말하는 것만큼 기분 좋은 일이 또 있을까. 베란다 정원 한가운데에 서 있는 엄마의 모습을 보면서 구근을 심고 키우며 겪었던 수많은 에피소드는 동화처럼 미화되었다. 구근 껍질을 까다가 알러지 때문에 응급실을 갈 뻔했던 일, 영하의 날씨 때문에 얼어버린 화분에 담요를 두르고 난로를 쬐어주며 녹기만을 기다렸던 일, 추위에 딱딱해진 흙을 모종삽으로 파내던 일…. 사진과 동영상 촬영을 하느라 여념이 없는 엄마에게 올해에는 더 많이 심겠노라 약속을 해버렸다. 엄마는 수선화를 더 심으면 좋겠다는 주문까지 하셨다. 아마 이번 가을에 나는 수선화를 잔뜩 심을 것 같다. 새벽에 전복을 손질하던 엄마의 마음을 이제야 알겠다.

작년과 다른, 새로운 봄을 맞이하니 기분이 묘하다. 봄이라는 계절은 늘 기다려지지만 동시에 조금 부담스럽기도 하다. 식물을 키우는 일은 단순히 씨앗을 뿌

수선화는 튤립보다 일찍 피어나고 더 오랫동안 꽃을 보여준다. 구근의 크기가 크고 과습에도 강한 편이라 추식 구근을 처음 심는 사람이라면 수선화로 시작하는 것이 좋다.

리고 물을 주는 것이 아니기 때문이다. 그 안에는 기온과 햇빛, 물의 양과 바람까지 세심하게 신경 써야 할 것들이 많다. 특히 베란다처럼 환경이 제한적인 곳에서 식물을 키우는 일은 매일 작은 전투를 치르는 기분이다.

올해는 달리아나 금영화 등 다양한 꽃 씨앗을 파종할 계획이다. 몇 달이 지나면 다채로운 꽃들이 베란다를 채우겠지. 그중엔 튤립처럼 제멋대로 자라는 아이도 있을 것이고, 예쁘게 곧게 자라는 아이도 있을 것이다. 모든 꽃이 각자 다른 모습으로 자라겠지만 그 모습을 지켜보는 내 마음은 똑같을 거야. 엄마가 그랬던 것처럼 나도 그저 그들이 살아 숨 쉬고 자라나는 것만으로 충분히 기쁠 테니까.

문득 나도 조금씩 더 어른이 되어가고 있구나 싶다. 엄마는 언제나 자식들을 위해 헌신하고 돌보는 일을 아무렇지 않게 해오셨다. 나 역시 그 마음을 배워가며

내 작은 정원 이야기

내 주변을 더 세심하게 보살피고 사랑을 주며 살고 있는 것 같다. 식물을 심고 물을 주고 자라는 모습을 지켜보는 일도 그 연장선에 있는 일일 테다. 사람이든 식물이든 본질은 다르지 않다. 각자의 고유한 모습과 생명을 존중하고 그들이 스스로 자라날 수 있게 곁에서 지켜주는 것. 그게 바로 진정한 사랑의 모습이 아닐까.

봄

| ⚘ | 전환점 | 23/04 |

등나무, 매실나무, 단풍나무, 벚나무, 목련, 철쭉, 모란,
불두화, 조팝나무, 가문비나무, 진달래, 긴잎아카시아, 한련화

길에서 자전거가 스치듯 지나가도, 같은 라인에 사는 앙칼진 몰티즈가 나를 향해 짖어도 그러려니 한다. 4월이니까. 자연을 찬양하느라 바쁘다. 눈길이 닿는 곳마다 새 생명의 기운이 가득하니 다른 것을 신경 쓸 겨를이 없다. 메말랐던 등나무 정자는 어느새 연둣빛 물결로 가득하고 아파트 화단 곳곳엔 매실나무, 단풍나무, 벚나무, 목련까지 가지각색의 초록빛 이파리가 넘실댄다. 이뿐인가. 여기저기 심긴 철쭉과 모란, 불두화까지 온 세상이 알록달록하다. 삭막한 야외와 동떨어져 있던 베란다 정원이 이제야 바깥세상과 긴밀

내 작은 정원 이야기

아파트 화단에서 쉽게 볼 수 있는 매실나무. 매화꽃이 진 자리마다 매실이 열렸다.

봄

하게 연결되는 느낌이다. 바깥도 초록, 우리 집도 초록. 창밖에 초록이 늘어날수록 내 마음에도 평화가 깃든다.

식물을 키우기 전 내 삶이 어땠더라? 베란다에서 따스한 햇살을 쬐다 문득 과거의 기억이 떠올랐다. 그때 4월은 어떤 느낌이었을까? 아마 그다지 좋지 않았던 것 같다. 팬데믹이 한창이던 3년 전은 지금의 직업을 선택한 걸 처음으로 후회하던 때였다. 퇴근 후 집에 돌아오면 지쳐서 아무것도 하지 못한 채 멍하니 천장을 바라보다 잠들곤 했다. 애정을 담은 현관 앞의 조팝나무도 그때는 팝콘 같은 이상한 것들이 매달린 나무로 보였고, 베란다 앞의 커다란 가문비나무는 보기 싫은 송충이들만 떠올리게 했다. 철쭉은 그저 진달래를 닮은 어떤 것에 불과했고, '여기저기 왜 이렇게 많은 거야. 공무원들은 저 나무를 좋아하나 봐….' 같은 엉뚱한 생각을 하기도 했다.

내 작은 정원 이야기

지금은 아파트 현관에서부터 식물들의 변화를 살피며 작은 것들에도 감동을 받는다. 이전의 나는 다른 사람이었나 싶을 정도다. "벚꽃이 지면서 푸른 잎이 올라오네. 곧 여름이 오겠어." "이 자리엔 아무것도 없었는데… 이 식물은 뭐지?" "모란이 피었네, 어쩐지 주위에서 달콤한 향이 나더라!" 예전의 나로선 상상조차 못 했을 일이다. 지금의 나에게 식물은 평생을 함께할 동반자 같은 존재. 초록이 없는 인생은 이제 상상할 수가 없다.

식물과의 인연은 몇 년 전 인테리어를 위해 긴잎아카시아를 들이면서 시작됐다. 식물에 무지한 나는 식물을 소품처럼 두고 키웠다. 아니, 키웠다는 말도 민망할 정도였다. 이러니 통풍이 중요한 아카시아 특성상 응애가 생기는 건 순식간이었다. 그 당시 나는 두 가지 선택지를 두고 고민했다. 첫 번째, 식물을 버리고 비슷한 종으로 새로 구매한다. 두 번째, 벌레를 없앨 수 있는 방법을 알아본다. 첫 번째를 선택했다면 아마

나는 지금도 여전히 식물에 관심이 없을 것이다. 이 일기를 쓸 일도 없었을 테고. 다행히 난 두 번째를 택했다. 식물 카페에 가입하고 질문 게시판에 글을 올렸다. 높은 등급의 고수들은 다 잘라내고 새로 가지를 받는 방법을 추천했다. 혼란에 빠졌다. 다 자르라고? 그럼 죽는 거 아냐? 무식하면 용감하다고 했다. 난 물티슈로 수백 장이나 되는 긴잎아카시아의 잎을 전부 닦아냈다. 3일 정도 지났을까. 깨알 같은 응애들이 또 보였다. 다시 전부 닦아냈다. 한 달 동안 밤마다 도를 닦듯 이파리를 닦아내니 응애가 전부 사라지고 새 잎이 돋기 시작했다. 이 순간을 아직도 잊지 못한다. 내가 이 식물을 살려냈다는 사실이 신기했다. 하나 더 키울 수 있을 것 같은데? 키워보자! 이 사소한 선택이 내 인생의 전환점이 되었다.

코로나는 여전하다. 앞으로 새로운 전염병이 창궐할지 모른다는 불안감도 있다. 너무 가까이서 봐온 탓일까. 퇴근 후엔 짧은 시간이더라도 꼭 베란다 정원을

신엽이 나기 시작한 긴잎아카시아. 긴잎아카시아는 호주가 원산지라 바람이 드나드는 곳을 좋아하고 과습에 취약하다. 통풍이 잘되는 베란다에 키워야 과습과 병충해를 줄일 수 있다. 응애가 잘 생기는 편이라 수시로 물샤워를 해주는 것이 좋다.

봄

겨울마다 한련화 씨앗을 서너 개 심는다. 겨우내 실내에서 키우다 봄이 오면 베란다로 보낸다. 봄 햇살을 받은 한련화는 빠르게 성장하여 4월이 오면 첫 꽃을 보여주고 한여름이 오기 전까지 쉬지 않고 꽃을 피운다. 한여름엔 반그늘에 두었다가 가을이 오면 다시 해가 잘 드는 곳에 둔다. 이렇게 하면 가을부터 초겨울까지도 꽃을 볼 수 있다.

둘러보는 이유가 있다. 요즘은 매일 시든 한련화의 꽃을 잘라낸다. 그대로 두면 말라서 떨어지지만 바로 잘라내야 새 꽃으로 영양분이 가니까. 가위로 싹둑 잘라낼 때면 심연 속의 불안함도 함께 잘려나가는 느낌이다. 내 마음의 시든 꽃도 바로 잘라내야 예쁜 새 꽃을 피우기에 좋겠지.

무언가 마음대로 되지 않아 답답하고 울적한 날엔 식물을 가만히 들여다본다. 인생이 내 마음대로 되나 싶은 순간에도 식물은 늘 그 자리에서 나를 기다리고 있다. 손톱만 한 틈에서 세상 밖으로 나오려 애쓰는 새 잎을 보면 식물과 나의 삶은 비슷한 구석이 많다. 어떻게 나오나 싶다가도 기어코 비집고 나온다. 내 앞에 있는 것이 저 틈이 아닐까. 나오면 별것 아닐 거야. 저 고비만 넘기면 돼. 내가 식물을 키우듯 식물도 나를 키운다. 일방적인 관계가 아닌 상호 보완적인 관계인 셈이다. 사람이 죽으면 자연으로 돌아가듯 내가 식물을 사랑하게 된 건 당연한 수순이 아닐까.

봄

	그때	23/05

수국, 팬지, 능소화, 물푸레나무

매년 봄이면 내 식물 욕심은 최고조에 이른다. 늦가을부터 겨울까지 장장 4개월을 참았으니 식물 이름이 끝도 없이 적힌 리스트는 줄어들 기미가 보이지 않는다. 추식 구근이 지나간 자리에 새 식물을 들이기 시작하며 리스트에서 하나둘씩 지워간다. 그러다 봄이 지날 무렵엔 손이 덜 가거나, 심어놓고 아예 잊어버린 식물들이 눈에 띄기 시작한다.

눈에 안 띌 수가 없다. 푸른 잎으로 넘실대는 5월의 베란다 정원을 흐뭇하게 바라보면 유달리 삭막한 구석에 눈길이 가기 마련이다. 수국의 그늘 밑, 흙만 채워져 있는 손바닥만 한 화분엔 팬지 씨앗을 뿌려뒀었고, 갈색 화분에 덜렁 꽂혀 있는 마른 나뭇가지는 능소화가 맞겠지, 아마? 팬지는 암발아성이라고 해서 그늘에 두었고, 능소화는 나뭇가지가 자꾸 몸에 걸려서 구석으로 밀어둔 기억이 이제야 났다. 변화가 없으니 물만 깨작깨작 주다가 관심을 꺼버렸다. 이 친구들을 어떻게 하지? 화분을 엎을까 고민하다 그대로 두기로 했다. 그래, 내가 제일 잘하는 일이 기다리는 거잖아. 겨울엔 구근만 바라보며 살았는데 이쯤이야. 기다리면 혹시 알아? 언젠가 초록빛을 보여줄지도 몰라.

물을 흠뻑 주고 며칠 뒤 겉흙이 마르나 확인했다. 흙은 바짝 말라 있었다. 뿌리가 아직 살아 있다는 증거다. 해가 잘 드는 곳으로 자리를 옮기고 약간의 관심을 기울인다. 신경 쓰는 듯 안 쓰는 듯. 베란다를 둘러볼 때면 힐끗 바라보고 자리를 옮긴다. 한 달가량 지났을까. 그날도 눈길을 잠깐 주고 스쳐 지나갔더랬다.

봄

베란다의 능소화 싹.

오래된 조적벽에서 만난 능소화.

어라? 조금 다르다. 오랜만에 화분 앞에 쪼그려 앉았다. 마른 가지는 여전하지만 흙 위에 새 가지가 돋아 있었다. 능소화 뿌리가 새로 가지를 올린 것이다. 일주일이 더 지나니 새로운 가지들이 두어 개 더 올라오고 버석한 원가지에서도 새싹이 돋기 시작했다. 방치한 날들이 두 달, 뒤늦게 신경 써준 날들이 한 달. 3개월 만의 경사다.

식물과 한 해를 보내다 보면 이렇게 경이로운 순간을 목격하는 때가 있다. 기다리지 않았으면 절대 보지 못했을 순간이다. 식물마다 다르지만 그 경이로운 순간은 이미 그들이 가지고 있던 것들이다. 씨앗, 뿌리, 가지에 내재되어 있는 '그때'는 언젠가 세상 밖으로 드러난다. 물을 주고 해가 드는 방향으로 화분을 돌려주고, 창을 열어 신선한 공기를 쐬어준다. 그때가 언제인지 알 수는 없지만 물이 필요한 것이 무엇인지 안다면 조금 앞당겨질 수도 있다. 기다리다 보면 식물은 조금씩 신호를 보낸다. 물을 주는 주기가 짧아지고 가지 사이에 잎눈이 생긴다. 그들 나름의 생존 신고를 하는 셈이다.

기다림이란 뭘까. 서로 간의 믿음이라기엔 부족한 듯하다. 나는 식물을 믿어도 식물의 마음까지는 알 수가 없다. 그것보다는 '언젠가 때가 오겠지'에 더 가까운 듯하다. 몇 달 전에도 아빠의 키보다 더 큰 물푸레나무의 가지를 몽땅 잘라버린 일이 있었다. 응애가 생겨서 손을 쓸 수가 없을 정도라 거의 다 잘라냈더니 앙상한 Y자 목대만 남았다. 이러다 죽는 것이 아니냐는 가족들의 성화에 나는 기다려보라는 말만 되풀이했다. 정말 그것 말고는 할 말이 없었다. 기다리면 때가 올 텐데. 그때가 내 예상보다는 늦었지만 몇 주 전 드디어 새싹이 돋았다. 거봐. 다 때가 있다니까!

난 아직까지도 식물을 잘 알지 못한다. 식물을 통해 배운 건 딱 하나. 기다리면 때가 온다는 것뿐이다. 사람과 일에 쫓기며 살아가는 일상에서 식물을 키우며

봄

가지치기 후 다시 움트기 시작한 물푸레나무. 지금은 가지치기의 흔적을 찾기 어려울 정도로 빠르게 자라는 식물이다. 작은 개체라도 자리를 넉넉하게 두고 키우는 것이 좋다.

기다림의 즐거움을 알게 되었다. 이젠 멋스러운 화분에 심겨 수형을 갖춘, 흔히 완성분이라고 불리는 식물보다 작고 기다림의 순간이 필요한 식물이 더 좋다. 일정한 규칙 없이 아무렇게나 자라 있어도 이파리가 없어도 좋다. 씨앗도 좋고. 그 안에 숨은 무한한 가능성을 발견하는 것이 즐겁다. 기다리는 동안 멋지게 자란 식물의 모습을 기대하기도 하고 이대로 멈추지는 않을까 하는 불안감도 느낀다. 팬지 씨앗은 지금까지 소식이 없다. 이대로 멈춘 걸까? 더 기다려봐야지. 씨앗이니까. 지금은 긴 잠에 빠져 있는지도 모른다. 언젠가 깨어난다면 지금의 서사가 모여 이 식물의 역사가 되겠지. 능소화도 먼 훗날 꽃을 피우면 그런 시절이 있었지! 하며 지금을 추억할 테고. 나 혼자의 믿음과 불신 속에서 끊임없이 기다려보자고 되뇐다. 내가 보고 싶은 순간들은 이미 저 안에 있다. 기다려보자. 기다려봐, 식물은 어떤 방식으로든 대답할 테니.

봄

| 🥄 | 다음 스텝 | 24/05 |

유칼립투스

반 년간 준비했던 파스타 책이 출간됐다. 할 수 있는 건 다 쏟아부었기에 후회는 없었다. 오히려 무사히 세상에 나왔다는 사실이 후련하기만 했다. 이제 작가라며 축하 인사를 받을 때마다 진짜 작가가 된 건가 싶었고 그 느낌이 싫지 않았다. 물론 앞으로 책이 잘 팔려야 출판사도 후련하겠지만 그건 나중에 생각하기로 했다.

출간 후 일주일이 지났을 무렵 동네에서 S와 만나기로 했다. 저 멀리서 오는 S의 손엔 꽃다발과 쇼핑백이 들려 있었다. 첫 책 출간을 축하한다며 내민 투명한 비닐 쇼핑백 안에는 유칼립투스가 담겨 있었다. "어? 이거 유칼립투스 블랙잭 아니야?" 쇼핑백을 열자마자 반사적으로 식물 이름을 외쳤다. 이럴 때는 식물 앞에서 말을 아끼고 상대방에게 먼저 기회를 주자고 늘 다짐하는데 금세 잊어버리고 또 아는 체했다. 내가 아는 유칼립투스 이야기를 몽땅 쏟아낸 후 뒤늦게 민망해졌다. S는 괜찮다는 듯 미소를 지으며 성수에서 출발해 양재 화훼 단지에 들렀다가 다시 내가 사는 시흥까지 왔다고 했다. 향이 좋아서 유칼립투스를 골랐다고. 이런, 이 말을 먼저 들었어야 했는데. 너무 아는 체만 했다. 멀리서 온 그에게 뒤늦게 고맙다는 인사를 건넸다.

대부분의 지인은 나에게 식물을 선물하지 않는다. 식물 취향이 확고할 것 같다나. 취향에 맞지 않는 식물을 주느니 다른 것을 주는 게 낫다고 생각하는 것 같다. 하지만 난 식물 선물을 좋아한다. 그 사람이 어떤

유칼립투스는 호주 식물이기 때문에 물을 좋아하지 않을 것 같지만 생각보다 물을 자주 주어야 하는 식물이다. 한번 물을 말리게 되면 바로 고사할 수 있다. 그렇다고 물이 계속 고여 있으면 과습이 올 수 있기 때문에 물빠짐이 좋은 흙에 심고 물주기를 잘 확인하는 것이 좋다.

생각으로 이 식물을 골랐을지, 어떤 기대를 품고 건넨 것인지 상상하는 일이 즐겁다. "네가 키우는 식물과 비슷한 걸로 골랐어." "이런 잎 좋아하지 않아?" 예상치 못한 식물을 받을 때도 있지만 덕분에 나의 식물 스펙트럼이 넓어지기도 한다. 식물을 오래 키우다 보면 몇 해가 지나도 죽이지 않고 잘 키우게 되는데 한 가지 단점이 있다. 키우는 식물의 개수가 줄지 않으니 새 식물을 아주 가끔씩 들이게 되는 것이다. 그래서 선물로 받는 식물은 더욱 특별하다. 요즘 유행하는 종을 알게 되고 취향과 전혀 다른 식물을 키워볼 기회가 생기기도 한다. 과거에 키웠다가 피치 못할 사정으로 떠나보낸(대부분 죽였던) 식물을 뜻밖의 선물로 만날 때가 있다. 오늘 받은 유칼립투스처럼.

집으로 돌아와 책상 위에 올려두고 이리저리 돌려보았다. 오랜만에 마주하는 유칼립투스에 기분이 들떴다. 이게 얼마 만이지. 식물을 처음 키울 때 유칼립투스를 몇 번 들였지만 끝내 살아남은 개체는 없었다.

유칼립투스는 호주 식물 중에서도 까다로운 축에 속한다. 이번엔 잘 키울 수 있을까. 왠지 이번에는 다를 것만 같은 느낌이 들었다.

나는 어릴 적부터 하고 싶은 건 많았지만 실천한 적은 손에 꼽는 겁쟁이였다. 이건 이래서 안 돼, 저건 저래서 안 돼. 늘 이유를 먼저 떠올렸다. 파스타 책을 계약할 때도 그랬다. 책에 실린 레시피가 별로라고 하면 어떡하지? 기다리던 사람들이 실망하면 어쩌지? 잘 안 팔리면? 걱정부터 앞섰다. 그래, 계약하지 말자. 책을 쓰지 않으면 이런 고민할 필요도 없잖아. 그런 결정을 내리고도 마음이 편하지가 않았다. 안주하며 사는 삶이 이제는 만족스럽지 않다고 느낀 걸까. 다음 스텝으로 나아가야 한다고 생각했다. 그래 해보자. 결국 계약서에 사인했고 메일이 발송되었다는 알림을 확인한 순간 가슴이 두근거렸다. 이제 진짜 앞으로 나아가는 거야.

내 작은 정원 이야기

출간을 앞두고 미리 책을 받았을 때 살짝 울었다. 책은 기대 이상으로 괜찮았다. 먼저 겁낼 필요가 없었다. 그때 알았다. 나는 생각했던 것보다 더 잘해내는 사람이었다는 걸. 책상 위 유칼립투스를 보며 그때와 비슷한 기분이 들었다. 막연한 두려움에 망설이다가도 결국엔 앞으로 나아가길 잘했다고 생각했던 순간들이 떠올랐다. 예전에는 무언가를 새로 시작하는 일이 두렵기만 했는데 지금은 어떤 것도 망설임 없이 도전할 수 있는 자신이 생겼다. 다음 스텝으로 넘어가려면 일단 시작해야 한다. 결과가 어떻든 시작해야만 그 다음 단계로 나아갈 수 있다. 이번 출간은 내 인생의 어떤 단계를 통과하는 미션이었다. 결국 긴 터널을 빠져나왔다. 유칼립투스가 내게 주는 새로운 미션을 잘 해내야지. 내년 이맘때 훌쩍 큰 유칼립투스를 지금 일기를 읽고 있는 당신에게 보여주고 싶다.

봄

유칼립투스는 양지를 좋아하지만 한여름엔 잎이 탈 수 있다. 7월부터는 베란다 안쪽 반그늘에 두었다가 9월이 오면 다시 바깥쪽으로 위치를 옮겨서 키운다.

내 작은 정원 이야기

| 🪴 | 봄이라는 계절은 | 25/03 |

수선화, 튤립, 청나래고사리

겨우내 쉬던 운동을 다시 시작하기로 했다. 운동이라기보다 하루를 정리하는 루틴 같은 것이다. 계절이 바뀌고 날이 점점 추워지면서 그 루틴은 흐지부지되었다. 지난 12월에도 새해가 오면 운동을 해야겠다고 마음먹었지만 1월 1일이 되니 모른 척 지나가버렸다. 전날 야간 근무를 해서 피곤하기도 했고, 떡국을 먹고 나니 노곤해졌다는 이런저런 핑계를 대며 미뤘다. 그렇게 미루다 보니 어느새 겨울이 순식간에 지나가버렸다.

봄

4월 1일부터 할까? 숫자가 반듯한 날이면 뭔가 제대로 출발하는 기분이 드니까. 그런데 이상하게도 그런 날은 가까워질수록 더 멀게만 느껴진다. 잠시 고민하다가 마음을 바꿨다. 결심이 섰으면 아무 날부터 시작해야 한다. 미루어놓은 날이 다가오면 더 하기 싫어질 테니까. 3월의 언젠가, 특별할 것도 없는 평일. 오늘 같은 날이 딱 좋다. 봄은 그런 계절이다. 해묵은 결심도 다시 꺼내게 만들고, 멈춰 선 자리에서 다시 걸어가고 싶은 마음을 불러일으킨다.

저녁 공기가 아직 차다. 두꺼운 플리스 외투를 꺼내 입고 양 손바닥을 비비며 집을 나섰다. 오랜만에 걷는 길이 낯설지 않았다. 멈춰 있던 시간만큼 계절이 바뀌었을 뿐. 산책길에 있는 익숙한 나무들은 나보다 먼저 겨울을 벗어나 봄을 맞고 있었다. 걸음은 금세 익숙해졌다. 오래된 리듬이 다시 살아나는 느낌이었다. 그래 이런 기분이었지. 멈춰 있던 긴 시간보다 다시 걷기 시작한 이 짧은 순간이 더 힘을 주는 것 같았다. 마음이 가벼워졌다. 조금 빠른 걸음으로 호수를 한 바퀴 돌고 야트막한 뒷산에 올랐다. 그러다 체온이 오르기 시작할 때쯤 집으로 향했다.

집에 돌아와 베란다에 불을 켰다. 베란다는 봄꽃들 덕분에 밤에도 환했다. 수선화는 한창이고 튤립은 이제 피어나는 중이었다. 사진을 여러 장 찍었다. 어제랑 비슷하지만 또 조금씩 다른 모습이니까. 방에 돌아와 찍은 사진들을 보다가 무언가를 발견하고 다시 베란다로 향했다. 수선화 이파리를 손으로 헤집어 구근 화분 사이에 있는 청나래고사리 화분을 찾았다. 두터운 근경 가운데에서 푸른 새잎이 돋아나고 있었다. 잎은 아주 작고 얇았지만 선명하게 초록빛이었다. 정말로 봄이 왔구나, 실감이 났다.

봄이 오면 다시 시작할 수 있을 것만 같은 기분이 든다. 따뜻한 바람이 불고 새순이 돋고 어디선가 꽃이 피어나면 나도 다시 시작할 수 있을 것 같다. 함께 움

봄

베란다 정원에서의 네 번째 봄을 맞은 청나래고사리. 봄이 오면 가장 먼저 떠오르는 식물이다.

트는 느낌이다. 정해진 시작일 같은 건 중요하지 않게 느껴지고, 한때 놓쳤던 일이라도 다시 붙잡을 수 있을 것 같은 용기가 생긴다. 꼭 새해의 첫날이 아니어도 괜찮을 것 같고 늦어도 상관없을 것 같다. 겨우내 조금 느슨해졌다면 다시 마음을 가다듬으면 되고, 멈춰 있던 일이 있다면 다시 한 걸음씩 나아가면 된다. 봄은 그런 계절 같다. 무언가를 처음 시작하기에도, 다시 시작하기에도 너무 좋은 때.

사실 '다시'라는 말엔 부끄러움이 조금 섞여 있다. 시작했던 걸 오래 이어가지 못했다는 뜻일 수도 있고 어쩌면 그만두었다는 의미이기도 하니까. 다시 걷기, 다시 시작하기, 다시 마음먹기. 그 말속엔 언제나 약간의 미안함이 스며 있다. 계속하지 못했음에 대한 자책, 다시 한다고 해서 달라질까 하는 의심. 처음만큼 힘이 실리지도 않고, 그래서 오히려 더 조심조심 꺼내게 된다. 그래도 다시 한다는 건 멈췄다는 걸 인정하는 일이기도 하니까 나름대로 용기가 필요한 일이다.

봄

깃털 같은 등나무의 새순. 등나무는 양지를 좋아한다. 봄에 새순이 나고 잎이 펼쳐지기 시작하면 해가 잘 드는 곳에 두어야 한다.

봄은 그런 용기를 조금은 쉽게 만들어준다.

식물들을 보고 있으면 그 '다시'라는 말이 조금 덜 무겁게 느껴지기도 한다. 청나래고사리는 겨울을 묵묵히 지나왔다. 잎은 시들었고 흙은 말랐고 긴 시간 아무 변화도 없어 보였다. 그럼에도 때가 되자 조용히 싹을 틔웠다. 추운 겨울 동안 보이지 않았던 무언가가 아무렇지 않게 고개를 내밀고 있는 모습을 보며 '다시'라는 단어에 담긴 연속성을 생각한다. 느슨하거나 멈췄다고 느끼는 시간도 결국은 흐름의 일부니까.

가끔은 스스로를 식물 같다고 생각한다. 계절따라 조금씩 달라지고 어느 계절엔 조용히 멈추기도 하고 또 어느 때엔 갑자기 자라기도 한다. 물론 그 과정이 늘 매끄럽지는 않다. 빛이 있어도 반응하지 못할 때가 있고 물을 줘도 움츠러든 채일 때도 있다. 그래도 언젠가는 아주 미세한 무언가가 나를 움직이게 만든다. 어떤 계기 혹은 아주 조용한 다짐. 말하자면 봄에 피어

겨울을 지나 다시 움트기 시작한 백화등.

나는 청나래고사리의 새잎 같은 것.

봄은 어쩌면 그렇게 살아가는 연습인지도 모르겠다. 아주 작은 신호 하나에 귀 기울이면서 나에게 맞는 속도로 조금씩 움직이는 것. 빠르지 않아도 괜찮고 멀리 가지 않아도 괜찮다. 중요한 것은 다시 시작하는 마음. 그 마음이 아직 내 안에 있다는 사실. 오늘 그 첫 걸음을 내디뎠다는 것만으로도 한참 멀어졌던 마음을 다시 불러낼 수 있었다. 언젠가 또 멈출지도 모르지만 괜찮다. 이 봄날의 감각이 다음 겨울을 지나 또다시 나를 움직이게 해주겠지.

여름

| 🌱 | 운명공동체 | 23/06 |

애너벨수국, 아디안툼, 수국, 청나래고사리, 보스턴고사리, 베고니아, 아보카도, 제라늄, 백화등, 등나무, 능소화, 긴잎아카시아, 클리핑 로즈마리

분명히 아침에 물을 흠뻑 주었는데, 저녁이 오니 언제 물을 주었냐는 듯 흙이 말라 있다. 하지가 지나니 새가 지저귀기 시작하는 새벽이면 해가 뜨고 저녁 8시가 다 되어서야 해가 진다. 해가 떠 있는 시간이 길어지면서 저녁엔 물시중을 드느라 정신이 없다. 아침에 물을 줬던 녀석들이 저녁에 축 처진 채 물을 달라고 시위하는 모습을 보면 얄밉다가도 "그래, 화분에 심은 건 나인데 내가 책임져야지." 하는 얄팍한 책임감이 샘솟는다.

(여름)

물이 마르는 주기가 급격하게 짧아지는 때가 오면 해야 할 일이 있다. 한여름이 오기 전에 식물의 위치를 바꿔주어야 한다. 봄의 햇살과 여름의 햇살은 다르다. 같은 햇살이라도 여름은 기온이 높고 해가 드는 시간이 길기 때문에 여름 양지에서 버틸 수 있는 식물들은 한정적이다. 이 시기를 놓치고 그대로 두었다가는 아침엔 분명 파릇파릇하던 식물이 퇴근 후엔 잎을 축 늘어트리고 말라 있을 수도 있다. 반나절이니 물을 주면 다시 돌아오지만 이 과정을 서너 번 반복하다 보면 스트레스에 예민한 식물들은 어느 순간 초록별로 떠나버린다. 재작년에 떠나보낸 애너벨수국과 아디안툼이 그랬었지. 물을 주면 다시 돌아오길래 괜찮은 줄 알았다. 돌이켜보니 순전히 내 생각이었을 뿐이다. 한 달 동안 고난을 버티던 식물들은 반나절 만에 죽어버렸다. "너랑은 도저히 못 살겠어!"라고 외치며 떠나지 않았을까.

지난 일을 교훈 삼아 올해는 식물의 위치를 착착 바꿔

나가고 있다. 수국, 청나래고사리, 보스턴고사리, 베고니아, 아보카도는 베란다 안쪽으로, 그들의 빈자리는 여름에도 양지를 선호하는 제라늄, 백화등, 등나무, 능소화, 긴잎아카시아로 채웠다. 이건 순전히 내 생각인데, 이 식물들은 여름 햇살을 듬뿍 받아야 겨울을 잘 나는 듯하다. 긴잎아카시아가 지난겨울 처음으로 베란다 월동에 성공한 것도 여름에 충분한 햇살을 받아서 그런 것이라 생각하고 있다. 익숙하지 않은 겨울을 버티는 데 여름에 얻은 에너지를 사용하는 것이 아닐까. 위치를 바꾸느라 이리저리 꼬인 가지를 정리해주고 나니 자리를 옮기지 않은 한 녀석이 눈에 띈다. 클리핑 로즈마리다.

"가장 애정을 쏟는 식물이 무엇인가요?" 인터뷰를 할 때마다 꼭 나오는 질문인데, 애정을 쏟는 식물군은 매번 바뀌지만 '가장'이라는 단어가 들어가면 대답의 방향이 달라진다. 여럿 가운데 하나만 고르자면 난 클리핑 로즈마리를 꼽는다. 무언가를 할 때 그것만은 예외

여름

제라늄 빌헬름 랭구스(왼쪽)와 제라늄 보른홀름(오른쪽). 일반적으로 제라늄으로 알려진 대부분의 식물들은 사실 펠라고늄이다. 펠라고늄은 변종이 다양해서 꽃의 색과 모양, 잎의 무늬가 매우 다양하다. 충분한 햇빛을 쐬어준다면 더 많은 꽃을 피우며 잎의 무늬도 또렷해진다. 다만 아주 더운 시기엔 하얀 잎이 나며 시

들기도 하는데, 고온으로 인한 현상이니 직광이 닿지 않는 곳에 잠시 두는 것이 좋다. 대부분의 페라고늄은 줄기가 다육질이라 물을 자주 주지 않는다. 관리를 잘 한다면 1년 내내 화려한 꽃을 보여준다.

여름

꽃대가 달린 백화등(왼쪽)과 개화한 백화등(오른쪽). 지금까지 함께한 식물 중 가장 무던한 녀석이다. 월동이 가능하고 병충해도 거의 없는 편. 덩굴성이라 지지대가 없다면 구불구불하게 자란다. 4월부터 꽃대가 줄기마다 주렁주렁 달리고

점점 커지다가 5~6월부터 향기로운 꽃을 피운다. 덕분에 이 시기 베란다에선 늘 짙은 바닐라 향이 난다.

로 둔다면 그건 정말 아낀다는 뜻이다. 우리 집에선 클리핑 로즈마리가 그런 위치에 있다. 계절과 특성에 따라 식물을 옮기지만 클리핑 로즈마리는 늘 예외다. 1년 내내 바람과 햇살이 가장 잘 드는 자리에 그대로 둔다. 여름이나 겨울이나 늘 그 자리에 있다. 통풍과 일조량이 중요한 허브의 특성 때문이기도 하지만 이 녀석은 나에겐 조금 특별하다.

우리 집 클리핑 로즈마리는 내가 식물 키우기 초보일 때 데려온 식물이다. 당시 수많은 식물이 나를 스쳐갔다. 지금까지 살아남은 식물은 클리핑 로즈마리와 긴잎아카시아뿐이다. 그중 클리핑 로즈마리는 정말 잘 자랐다. 진한 초록빛 잎들 사이로 매일같이 연둣빛 새싹이 돋았다. 자라는 속도가 눈에 보일 정도이니 초보인 나조차도 이 식물은 나와 쭉 함께할 거라고 막연히 확신했다. 여러 일들이 겹치며 키우는 식물들에 소홀해진 시기에도 클리핑 로즈마리는 내 곁에 있어주었다. 그 시절 밤이면 베란다로 나가 클리핑 로즈마리

내 작은 정원 이야기

잎을 만지작거리는 일이 하루의 유일한 위로였다. 화분 앞에 쭈그리고 앉아서 손가락으로 잎을 문질러 향을 맡고 깊게 들이쉬었다. 하루 중 처음으로 숨이 트이는 것을 느꼈다. 가지 끝에 달린 연둣빛 새싹을 가만히 바라보았다. 이 가느다랗고 딱딱한 가지 안에 얼마나 더 많은 연둣빛들이 숨어 있을까? 내일 밤엔 이 녀석이 조금 더 자라 있는 모습을 볼 수 있겠지. 나의 내일도 오늘보다 더 나은 하루가 될 거야. 그렇게 다짐하며 하루하루를 살아갔다. 이 과정이 내게는 24시간 동안 효과를 내는 처방약과도 같았다.

겨울에 냉해를 입어 잎의 반 이상이 얼어버렸을 때도 이 녀석은 쉽게 죽지 않을 것 같았다. 잎을 다 떨구고 가지만 남은 것을 본 가족들이 화분을 비우고 새 식물을 심어보라고 해도 꿋꿋하게 물을 주었다. 생사고락이라는 말이 있지 않나. 괴로움과 즐거움을 함께하던 친구인데, 쉽게 나를 떠날 것 같지 않았다. 기다림에 보답하듯 이듬해 봄에 새 잎이 돋기 시작했고 그즈음

여름

클리핑 로즈마리. 로즈마리는 성장 속도가 빠른 편이다. 1년 내내 끊임없이 자란다. 흔히들 로즈마리가 까다롭다고 하지만 생육 조건을 맞춰주지 않았기 때문인 경우가 많다. 볕이 가장 잘 들고 바람이 잘 통하는 곳에 두고 키우면 이보다 더 순한 식물이 또 있을까 싶을 정도로 잘 자란다.

내 일도 원만하게 흘러가기 시작했다. 클리핑 로즈마리는 울창한 숲이 되어 지금도 베란다 한편을 지키고 있다.

이를테면 나와 운명 공동체인 셈이다. 식물에 왜 그토록 큰 의미를 부여하냐는 친구의 핀잔에 나는 "그런 게 있어."라고 답하며 말을 얼버무렸다. 아무렴 어떤가. 그런 게 있다. 나와 클리핑 로즈마리만 아는 시시콜콜한 이야기. 지금도 우울한 기분이 드는 날이면 클리핑 로즈마리의 가지를 만지작거린다. 향이 달아날세라 손가락을 그러쥐고 자리에서 일어난다. 그 향엔 내일을 살아갈 위로와 용기가 담겨 있다. 늘 푸르고 씩씩한 이 녀석이 난 참 좋다. 덕분에 내 삶도 푸르게 물들어간다.

여름

모순적인 사랑

24/06

로즈마리, 클리핑 로즈마리

6월 초에 제주 여행을 다녀왔다. 제주 길가엔 로즈마리가 들풀처럼 여기저기 자라 있었다. 특히 서귀포에선 시선이 가는 곳마다 로즈마리가 보였다. 태양을 향해 곧게 뻗은 이파리를 보며 역시 허브는 노지에서 자라야 하는구나 싶었다. 손가락으로 이파리를 만지면 끈적한 진액이 묻어 나온다. 냄새를 맡아보니 톡 쏘는 진한 로즈마리 향이 났다. 우리 집 클리핑 로즈마리도 꽤 진한 향이 난다고 생각했는데, 노지에서 자라는 녀석들에 비하면 댈 것도 아니었다.

내 작은 정원 이야기

제주에서 만난 로즈마리.

여름

여행을 다녀오자마자 베란다로 향했다. 내가 여행을 가는 동안 식물을 돌보는 건 동생 몫이다. 5년 이상 같은 내용을 일러주다 보니 식물의 이름은 몰라도 능숙하게 잘 돌본다. 이번에도 잘 돌봤다. 한결 편해진 마음으로 식물들을 살펴보고 물을 주었다. 햇살이 잘 드는 곳에 자리를 튼 클리핑 로즈마리에서 반짝반짝 빛이 난다. '그래도 난 꽤 잘 키우고 있는걸, 베란다에서 5년이나 허브를 키우는 게 쉬운 일이 아니지.' 그렇게 마음속으로 스스로를 칭찬하며 클리핑 로즈마리를 쓰다듬었다. 웬걸, 손이 닿자마자 마른 이파리들이 우수수 쏟아지기 시작했다. 언제까지 떨어지나 싶어 쉴 새 없이 가지를 털자 바닥 타일이 보이지 않을 만큼 마른 이파리들이 가득했다. 풍성하던 클리핑 로즈마리의 속이 순식간에 텅 비었다. 겉만 멀쩡하고 속은 하나도 없는 기이한 형태가 됐다. 그러고 보니 최근 물마름이 눈에 띄게 빨라지고 이파리는 아주 가늘어졌다는 사실이 생각났다. 급하게 물을 한가득 받아와 전부 주고 나서 스스로를 다독였다. 내일이면 다시 이파리가 통통해지겠지. 괜찮을 거야.

다음 날 아침에 만난 클리핑 로즈마리는 전날과 똑같았다. 오히려 바닥에 떨어진 마른 이파리들이 더 늘었다. 뭐가 문제일까. 손가락을 흙에 얕게 찔러 넣어보니 마른 잔뿌리들이 만져졌다. 이제야 이유를 알았다. 화분에 뿌리가 꽉 차서 더 이상 성장할 수 없는 상태였다. 버티고 버티다 멀쩡했던 이파리까지 떨군 것이다. 클리핑 로즈마리는 뿌리 성장이 빨라서 매년 분갈이를 해주어야 한다. 돌이켜보니 재작년 이후로 분갈이를 하지 않았다. 화분이 워낙 크기도 했고 귀찮은 마음에 지금 상태는 괜찮으니까 하며 넘겨버린 것이 화근이었다.

떨어진 이파리들이 작은 바람에도 폴폴 날리는 모습은 애처로웠다. 바로 온라인숍에서 화분을 찾기 시작했다. 분갈이를 할 때는 두 배 정도 큰 화분에 옮겨 심는 것이 정석이지만 마치 노지처럼(같을 수는 없지

여름

포복성으로 자라는 클리핑 로즈마리는 직립성 로즈마리보다 환경 변화에 잘 적응하는 편이다. 그렇지만 대부분의 허브가 그러하듯 최대한 원산지(지중해 연안)와 가까운 환경에서 키워야 건강하게 자란다. 경험상 바람이 수시로 드나들고 직광이 최소 6시간 이상 드는 곳에 두는 걸 추천한다. 클리핑 로즈마리는 한여름의 쨍한 햇살을 가장 좋아한다.

분갈이를 할 땐 배수가 잘 되는 흙을 사용하고 기존 화분 크기에서 두 배 이상 되는 화분을 선택해야 한다. 클리핑 로즈마리는 잔뿌리가 많아서 아무리 조심하더라도 분갈이 시에 뿌리가 상당한 스트레스를 받는다. 분갈이 후엔 뿌리에 공기가 잘 통하도록 안쪽의 묵은 가지를 정리해주자. 식물이 받는 부담을 줄이고 새 흙에 뿌리를 잘 내리도록 돕는 방법이다.

여름

만!) 아주 큰 화분에 심어보는 건 어떨까? 제주에서 보았던 클리핑 로즈마리들은 제약이 없는 땅에서 자유로이 뿌리를 내리는데, 우리 집 클리핑 로즈마리는 좁은 집에 가둬두고 키운 것 같아 안쓰러워졌다. 심지어 집을 제때 바꿔주지도 않았다. 고민 끝에 기존 크기의 세 배 이상 되는 화분을 주문했다.

다음 날 내가 들어갈 수 있을 만큼 거대한 화분이 도착했다. 클로핑 로즈마리 화분 테두리를 살살 긁어내어 뿌리를 뽑았다. 2년 만에 드러난 뿌리는 화분 모양 그대로 자라 있었다. 화분 내부에 엉겨 붙은 마른 잔 뿌리들이 얼마나 처절하게 버텼는지를 말해주는 듯했다. 어제 물을 주었는데, 그 많던 물이 어디로 간 건지 흙과 뿌리는 물기 하나 없이 버석거렸다. 미리 배합해둔 흙에 수분 유지를 위해 피트모스를 좀 더 섞었다. 뽀송한 새 흙을 새 화분 안에 켜켜이 쌓고 클리핑 로즈마리를 툭 올려놓으니 흙먼지가 일어났다. 건조한 흙냄새에 콜록콜록 거리며 손사래를 쳤다. 어디 한

자른 가지들을 정리하여 이웃 주민들께 나눠드렸다. 다들 좋아해주셔서 다음 분갈이 때도 나눠드릴 예정이다.

여름

번 당해보라며 클리핑 로즈마리가 작은 복수를 하는 것처럼 느껴졌다.

분갈이 후 2주가 지났다. 멈춰 있던 클리핑 로즈마리가 다시 새순을 내기 시작했다. 더 이상 하엽 지는 일도 없다. 새집이 마음에 든 모양이다. 최근 읽은 이소영 작가의 《식물에 관한 오해》를 펼쳤을 때 처음 본 문장이 떠올랐다. "도시의 식물은 인간이 원하는 공간에서 살아간다." 인간의 눈을 즐겁게 하고 때론 위로를 받기 위해, 도시엔 인간의 욕구를 위해 심기는 식물이 대부분이다. 식물의 입장에서 생각하자고 되뇌지만 금세 잊어버리고 결국 나의 편의 위주로 생각한다. 나의 수고로움을 앞세워 애써 모른 척했던 클리핑 로즈마리처럼. 식물을 사랑한다고 외쳐도 결국 그 사랑도 모순 덩어리일지도 모르겠다. 구차하지만 나는 인간이니 식물처럼 정직하게 살 수 없다고 말한다. 식물과 오래 함께하려면 그 모순의 간격을 조금씩 줄여가는 수밖에.

내 작은 정원 이야기

더 큰 집으로 이사한 클리핑 로즈마리를 위해 2.5리터 용량의 물뿌리개를 구입했다.

여름

할머니와 베고니아

23/07

클리핑 로즈마리, 제노비아, 달리아, 아보카도, 바질, 베고니아 마큘라타, 베고니아 룩스리안스, 고추, 상추, 토란, 오이

식물들이 더위를 먹었다. 베란다에 나가면 숨이 턱 막힐 듯 답답한 공기가 가득하다. 베란다 정원을 들여다보면 다들 이전과 비슷하지만 묘하게 달라진 모습이다. 클리핑 로즈마리의 잎맥은 선명해졌고 제노비아의 잎 테두리는 조금씩 갈색으로 타 있다. 달리아의 잎은 안으로 말려 있고 아보카도는 아침저녁으로 잎이 축 처졌다 올라오길 반복하고 있다. 특히 바질 넌 정말 실망이야. 풍성하게 자란 바질을 신나게 수확해서 향을 맡은 순간, 톡 쏘는 향에 이건 먹을 수가 없겠다는 결론을 내렸다. 향긋하던 6월의 바질은 어디에

내 작은 정원 이야기

한여름의 바질은 강한 햇살 때문에 수분이 부족해져 향이 강해진다. 이때 채취한 바질은 생으로 먹기보다는 페스토나 소스의 재료로 활용하면 맛이 중화된다.

여름

도 없다. 더위에 표독스러워진 7월의 바질만이 남았다. 호스를 팔에 둘러매고 물을 주어도 7월의 햇살 아래선 턱도 없다. 일을 그만두고 3시간에 한 번씩 물을 주면 괜찮으려나. 말도 안 되는 상상을 해본다.

무더운 베란다에서 여전히 싱그러운 한 녀석이 눈에 띈다. 베고니아 마큘라타다. 흔히 목베고니아라고 불리는 종 중 하나인데, 시간이 지나면 초록빛 가지가 목질화된다고 하여 붙여진 이름이다. 난 마큘라타와 룩스리안스, 두 종류의 목베고니아를 키우고 있다. 베고니아는 대개 높은 습도를 요구하는 터라 온실이 없는 우리 집에서는 금기 같은 존재다. 하지만 이 목베고니아들은 몇 년째 꽤 잘 버티고 있다. 목질화된 식물들이 그러하듯 바뀌는 환경에 무던하게 적응하는 듯하다. 특히 마큘라타는 더운 기색 없이 오히려 더 잘 자라고 있다. 늘 잎 끝이 조금씩 타 있었는데 근 한 달 동안 나는 신엽은 온실에서 키우는 베고니아처럼 깔끔하다. 자라는 속도도 어마어마하다. 일주

일에 한 번씩 흙 위로 새 가지가 올라온다. 새 가지는 무른 편이라 툭 치거나 지지대를 세워주다 분지르는 경우가 많다. 부러진 가지는 뿌리를 받아서 여러 화분에 심어두었다. 여기도 마큘라타, 저기도 마큘라타다. 화분에 심는 것도 모자라 지금은 수경으로 키우는 녀석도 있다.

그래도 맨 처음 모체에서 잘라 심은 녀석은 이탈리아에서 온 수제 토분에 심었다. 심을 식물을 정하지 못해서 선반 위에 고이 모셔놨던 새하얀 토분이었다. 손때가 묻을까 라텍스 장갑을 끼고 조심스럽게 뿌리가 난 가지를 심었다. 아직 목질화되지 않은 가지가 꺾일세라 지지대를 세워주고 수형을 단정하게 다듬어놓았다. 마큘라타의 하얀 물방울무늬와 잘 어울렸다. 아껴두길 잘했네. 너무 잘 어울리잖아! 온화한 햇살이 드는 실내 창가에 두고 모체보다 더 귀하게 키웠더랬다. 누구에게도 주지 않을 거라고 다짐했는데, 그렇게 애지중지하던 이 베고니아는 지금 할머니 댁에 있다.

여름

베고니아 마큘라타(왼쪽)와 베고니아 룩스리안스(오른쪽). 베고니아는 물을 좋아해서 1년 내내 흙이 마르지 않도록 관리한다. 목베고니아 중에서도 마큘라타는 굉장히 무던한 축에, 룩스리안스는 까다로운 축에 속한다. 습하고 고온인 환

내 작은 정원 이야기

경에서 룩스리안스는 이파리와 줄기가 금방 물러버린다. 그런 이유로 한여름엔 룩스리안스를 실내 창가에 옮겨둔다. 또한 베고니아는 먼지 응애가 잘 생기는 편이라 주기적으로 잎 뒷면과 줄기에 물샤워를 하는 것이 좋다.

여름

2주 전 할머니가 우리 집에 오셨다. 할머니는 어림잡아 40년 이상 옥상 텃밭을 가꾸고 계신다. 내가 식물을 키우기 시작한 이후로 할머니는 꼭 베란다를 둘러보며 처음 보는 식물에 대한 질문을 쏟아내신다. 이날도 식물 수다를 한창 떨다가 할머니의 시선이 한 곳에 머무는 것을 발견했다. 창가에 둔 베고니아를 보셨나 보다.

"이건 뭔 식물이고? 살면서 이렇게 생긴 아는 처음 보네."
"저 흰색 동그라미는 네가 색칠한 긴가?"

고추, 상추, 오이, 토란…. 할머니는 당신이 평생 키우던 작물과는 확연히 다른, 이국적인 목베고니아의 모습에 눈을 떼지 못하셨다. 늦은 밤까지 이리저리 살펴보고, 다음 날 아침에도 잎을 만지작거리고 계셨다. 할머니의 관심을 모른 척하며 생각했다. 아무리 그래도 드리는 건 좀 그렇지, 아끼는 식물인데…. 저 토분도 그렇고. 하지만 입에서는 생각과 다른 말이 튀어나왔다.

"할머니 이거 가져가세요!"

그날 할머니는 상기된 얼굴로 화분을 들고 우리 집을 떠나셨다. 할머니의 뒷모습을 보면서 이유 모를 익숙함이 느껴졌다. 기시감이겠거니 하며 모두가 떠나고 조용해진 베란다에서 목베고니아를 빤히 바라보았다. 그 순간 기억 속 깊은 곳에 묻혀 있던 어떤 장면들이 떠올랐다. 지금까지 내 인생에서 처음으로 식물을 키웠던 기억이 부모님과 함께한 주말농장인 줄 알고 있었다. 그 기억은 최초의 것이 아니었다. 난 그것보다 오래전부터 식물과 함께했다.

난 태어나서부터 조부모님 댁에 맡겨졌다. 그때 옥상 텃밭에서 식물을 돌보는 할머니 옆에 앉아 수확한 작물을 만지며 시간을 보내곤 했다. 주말에는 부모님과 함께 집으로 돌아와 시간을 보냈다. 집으로 돌아올 때면 작은 텃밭에서 나온 몇 개 되지도 않는 작물을 하나라도 가져가겠다고 그렇게 떼를 썼다. 그럴 때면 할머니가 내 손에 토란이나 오이를 하나 쥐어주셨다. 무엇인지 잘 몰라도 할머니가 공을 들여 수확한 그것들이 내 눈엔 귀해 보였다.

얼마 전 할머니 댁에 다녀온 아빠가 '하얀 화분에 있는 식물'이 잘 있다는 소식을 전해주셨다(아빠는 여전히 우리 집 식물 이름을 어려워하신다). 그곳에 자리 잡은 목베고니아는 30년 가까이 되는 긴 시간의 연결 고리가 되었다. 꽃이 피었으면 좋겠다. 할머니가 키우시는 작물 중에선 분홍색 꽃을 피우는 식물이 없다. 노란 오이꽃과 하얀 고추꽃 사이에 피어 있으면 참 예쁠 거야. 할머니의 여름에 새로운 색이 더해지면 좋겠다. 내가 선사한 여름에 기뻐하시면 좋겠다. 작은 손에 쥐여주시던 토란 한 알 덕분에 행복했던 그때의 나처럼.

1995년 4월 10일. 할머니와 나.

여름

| ꧁ | 미완성 정원 | 24/07 |

청나래고사리, 토끼발고사리, 보스턴고사리, 베고니아 룩스리안스, 수국, 백화등

오랜 친구들을 집에 초대했다. 식사를 마치고 함께 베란다를 둘러보다 식물 애호가인 Y에게 청나래고사리 한 뿌리를 선물했다. 이 친구는 나보다 훨씬 오래전부터 식물을 키웠는데, 요즘은 주로 고사리를 키운단다. 장마가 오면 이파리가 갈변될 수 있고 물을 매일 주어야 처지지 않는다는 점을 알려주었다. 친구들이 집을 떠난 후, 정적만이 남은 집 안팎을 둘러보니 각각의 식물이 저마다의 여름을 맞이하고 있었다.

내 작은 정원 이야기

습도가 80퍼센트를 넘나드는 날씨에 청나래고사리 두 포기가 끊임없이 새 줄기를 밀어 올리며 베란다 한편을 고사리 숲으로 만들고 있다. 청나래고사리는 늦가을에 이파리가 시들기 시작하며 긴 휴식기를 가졌다가 이듬해 봄부터 다시 새순이 나기 시작한다. 조만간 장마가 시작될 테니, 지금 계절이 가장 전성기인 셈이다. 작년 가을에 심었던 토끼발고사리도 오랜만에 새순을 내밀기 시작하고 보스턴고사리는 화분 물구멍 밖까지 이파리가 자라 있다. 습한 날씨가 마음에 드는 모양이다. 반면 베고니아는 여름의 열기에 애를 먹고 있다. 베고니아 룩스리안스의 새로 난 잎들이 녹아내리기 시작하더니 아기 손처럼 여린 이파리들이 하나둘 타들어가며 떨어진다. 룩스리안스에게 여름은 기다림의 계절이다. 수세를 줄이며 여름이 가시길 기다리다 더위가 한풀 꺾이면 다시 덩치를 키운다.

식물을 키우기 시작한 지 얼마 되지 않았을 때, Y에게 자주 도움을 요청하곤 했다. 대부분의 질문은 계절이

여름

바뀌며 나타나는 식물의 변화에 대한 것들이었다. 어느 해 여름엔 수국이 갑자기 이파리를 늘어뜨리며 상태가 나빠졌다. Y에게 물어보니 "일단 기다려봐."라는 대답이 돌아왔다. 이 외의 다양한 식물에 대한 대답 또한 비슷했다. "기다려봐." "두면 괜찮아져." 그냥 두라고? 죽어버리면 어떻게 하지? 조바심이 났다. 무언가 부족한가 싶어서 무턱대고 영양제를 주거나 햇살에 과도하게 노출시키기도 했다. 흙이 잘못됐나 싶어서 분갈이를 하기도 했다. 식물의 상태가 더 안 좋아지면 안 좋아졌지, 나아졌던 적은 한 번도 없었다. 수국을 세 번 떠나보내고 마지막으로 남아 있던 수국이 가을로 접어들자 잎이 빳빳해지며 상태가 좋아지는 것을 보고서 그제야 기다리라는 친구의 조언을 이해했다.

이젠 계절을 지나는 식물의 모습이 어떠하든 그대로 두는 것이 자연스럽다고 느낀다. 잘 꾸민 정원보다 오래된 아파트 화단이 더 아름다워 보이는 것처럼. 계절

내 작은 정원 이야기

꽃이 모두 진 백화등. 백화등은 시든 꽃에서도 기분 좋은 향이 난다.

여름

에 따라 식물은 각자 전진하기도 하고 후퇴하기도 한다. 늘 푸르고 평면적인 모습이 아닌 자연스러운 이 리듬이 좋다. 청나래고사리의 갈변한 이파리가 보기 싫다고 자르지 않는다. 장마철이라 그런 것인걸. 늦봄에 한창 꽃을 피우고 시든 백화등 꽃봉오리가 그대로 있다. 시간이 지나면 알아서 떨어질 테니 그대로 두자. 식물 스스로에게 맡긴 베란다 정원을 한발 떨어져서 바라보니 꽤 근사했다.

오래전에 봤던 어느 인터뷰에서 정원사 피트 아우돌프는 "우리의 인생은 아름다운 것이 무엇인지 발견하는 여정이기도 하지만, 또한 첫눈에 아름답지 않은 무언가에서 아름다움을 발견해내는 것이다."라는 말을 했다. 시든 이파리에 미련을 두지 않고 다음을 기다리는 것 또한 아름다움을 발견해내는 과정이 아닐까. 흙 속이나 이파리에서 꼼지락거리는 무언가를 발견해도 당황하지 않는다. 이 또한 아름다운 것을 발견해내는 과정이니까. 어떤 식물은 한여름의 뜨거운 햇살 아래

장마가 시작된 초여름의 베란다 정원.

여름

에서 번성하고, 어떤 식물은 늦가을의 서늘함 속에서 가장 멋진 모습을 보여준다. 덕분에 근사한 정원은 항상 미완의 작품이다. 식물마다 번성하는 계절이 다르고, 때로는 기대와 다르게 자라기도 한다. 살아 있는 것들은 모두 제멋대로니까. 나도 그렇고 식물도 그렇고. 그 모든 과정 속에서 발견하는 무수한 아름다움은 삶을 다채롭게 만들어준다. 마치 오늘 보았던 베란다 정원처럼 말이다.

🌿	S의 아보카도	24/08

달리아, 아보카도

이번 여름은 길다. 으레 8월 중순이면 더위에 지쳤던 식물들이 하나둘 고개를 들기 시작한다. 그런데 올해는 미동도 없다. 바람이 조금 식은 것이 느껴지지만 아직 미미한 정도다. 덕분에 날이 선선해지면 심으려던 달리아 씨앗들은 아직 서랍 깊은 곳에서 대기 중이다. 여전히 아침저녁마다 물을 주고 바싹 마른 이파리를 쓸어내며 시간을 보내고 있다. 조금 심심하다. 씨앗을 심고 가을을 기다리는 것이 이맘때의 즐거움인데 말이지.

(여름)

그렇게 심심한 하루를 보내던 중 베란다 구석에 자리 잡고 있는 아보카도 두 그루가 눈에 들어왔다. 오래전 마트에서 사 온 아보카도에서 과육을 발라내고 씨앗을 물에 띄워 발아를 시킨 후 심었던 것들이다. 지금은 제법 커지고 줄기가 목질화됐지만 처음 그 조그마한 씨앗이 이렇게 큰 나무로 자라리라곤 상상하지 못했다. 씨앗 하나에서 이렇게 나무가 되기까지는 몇 년이 걸리니까. 조그만 틈이 생기고 뿌리가 나오고 싹이 올라오는 과정들. 그 작은 과정들이 모여 지금의 나무가 되었다는 것이 새삼 신기하게 다가왔다.

얼마 전 S의 집에 놀러 갔을 때도 그랬다. 주방에서 요리를 하던 S가 아보카도를 두어 개 꺼내더니 능숙하게 과육을 발라냈다. 칼집이 난 아보카도 씨앗을 툭툭 내려놓는 순간 집에 있는 아보카도 나무들이 떠올랐다. 재빨리 아보카도 씨앗을 집어 들었다. "이거 키워볼래?" 씨앗에서 나무로 자라는 과정을 설명하면서 일회용 커피컵 뚜껑을 뒤집어 물에 띄우거나 이쑤시

아보카도를 키울 때는 두 가지가 가장 중요하다. 높이가 높은 화분과 물이다. 아보카도의 뿌리는 깊게 뿌리를 내린다. 직경이 넓고 높이가 낮은 화분보다 높이가 높은 화분을 선택하는 것이 좋다. 물을 매우 좋아하기 때문에 겉흙이 마르면 물을 듬뿍 준다.

여름

개를 꽂아 물에 반쯤 잠기게 하는 방법 그리고 비닐을 씌워서 따뜻한 곳에 두면 싹이 더 빨리 난다는 팁까지 신나게 쏟아냈다. S의 반응을 기다리며 내 설명이 과했나 싶어 슬쩍 눈치를 보았다. 물에 띄워둔 씨앗 표면에 금이 가기 시작하며 뿌리가 나오고, 싹이 튼 모습을 처음 봤을 때의 그 신비함과 설렘을 떠올렸다. 그때의 기쁨은 정말 잊을 수 없는 순간이었다. 그래서인지 S에게 그 경험을 권하고 싶었던 것 같다. S는 조용히 내 말을 듣고만 있었다. 나는 속으로 그가 별 관심이 없는 것 같다고 생각했다. 씨앗을 달라고 할까? 안 키운다고 하면 내가 키우고 싶은데.

그날 밤 S와 통화를 하는데, 아보카도 씨앗을 물에 띄워두었다고 했다. 난 당연히 버렸을 거라고 생각했다. S의 집은 아주 심플하니까. 최소한의 것만 보이는 곳에 배치되어 있다. 씨앗을 띄워둔 플라스틱 커피컵이 그 사이에 놓여 있다고 생각하니 웃음이 나왔다. 그는 아보카도를 자주 먹지만 속에 있는 알맹이가 정말

심을 수 있는, 그러니까 생명이 있는 씨앗이라고 생각하지 않았단다. 나의 이야기를 듣고 나서 그 작은 씨앗이 나무로 자라날 수 있다는 사실이 흥미롭게 다가왔다고. S는 내가 말해준 대로 씨앗을 물에 띄우고 싹이 나길 기다린다고 했다. 목소리에는 설렘과 호기심이 묻어나 있었다. S의 이야기를 들으며 뿌듯해졌다. 씨앗 하나가 나무로 자라나는 과정을 그도 나처럼 느낄 수 있을 테다. 사실 아보카도를 발아시키고 나무로 키워내는 과정은 그리 복잡하지 않다. 하지만 그 단순함 속에 깃든 자연의 경이로움은 매번 나를 감탄하게 만든다. 씨앗이 반으로 갈라지고 그 속에서 작은 싹이 솟아오르는 순간을 목격할 때의 벅차오르는 감정은 쉽게 사라지지 않는다. 이런 감정을 많은 사람이 느낄 수 있다면 좋겠다. 나만 느끼는 건 너무 아까우니까. 식집사들이 어떤 이야기든 식물과 연관 짓는 이유다. 식물에 그다지 관심이 없던 이가 이 세계로 한 발짝 아니, 발을 걸치기만 해도 얼마나 뿌듯한지! 그다음은 쉽다. 손을 잡고 내가 서 있는 초록빛 세상으로

여름

물에 띄워둔 S의 아보카도 씨앗.

끌어들이면 되니까.

어제는 S에게 아보카도의 안부를 물었다. S가 보내준 사진 속 씨앗엔 선명하게 금이 가 있었다. 뿌리가 나온다는 신호다! 작은 변화지만 반가웠다. 일상 속에서 이런 작은 변화를 쉽게 지나치곤 한다. 하지만 싹이 트는 모습을 목격한 순간, 그 소소한 변화가 왠지 모르게 설레고 그다음이 기다려진다. 나도 새로운 아보카도 씨앗을 발아시켜보고 싶은 생각이 들었다. 이미 베란다에 두 그루의 아보카도가 있어서 공간이 부족하지만 그 작은 싹이 처음 고개를 내미는 순간을 다시 한번 보고 싶은 마음이 여전히 남아 있다. 당장은 S의 아보카도가 어떻게 자라는지 보면서 나도 그 과정에 살짝 발을 담그는 정도로 만족할 생각이다. S가 보내올 다음 사진이 벌써 기다려지는 걸 보니 굳이 새로운 씨앗을 심지 않아도 될 것 같기도 하다. 그리고 이미 자라난 아보카도 나무들도 있으니까. 그들이 새잎을 낼 때마다 성장 과정을 다시 떠올리는 것 또한

아보카도의 커다란 잎은 이국적 느낌을 준다. 베란다 끝의 창가는 아보카도 두 그루의 지정석이다. 베란다 월동이 가능하기 때문에 1년 내내 같은 자리에 두며 키우고 있다.

내 작은 정원 이야기

즐거움이 될 수도 있겠다. 때로 새로운 시작보다는 지금 있는 것들을 더 깊이 음미하는 게 더 큰 만족을 줄 때가 있으니까.

여름

| | 여름과 가을 사이 | 23/08 |

금송, 수국, 몬스테라 아단소니, 제라늄, 달리아, 아마릴리스, 장미, 클레마티스, 작약, 토끼발고사리, 블루스타고사리, 다바나고사리, 청나래고사리

베란다 곳곳 빈자리들이 눈에 띈다. 햇살에 까맣게 타버린 금송, 응애가 점령했던 수국, 과습이 온 몬스테라 아단소니, 녹아버린 제라늄. 여름이라는 공통분모 위에서 식물들은 가지각색의 이유로 떠나버린다. 봄의 기운을 양분 삼아 여름을 잘 나게 하겠다는 나의 야심찬 계획은 장마가 시작되고 내린 비와 함께 떠내려갔다.

물을 주어야겠네. 하지만 내일부터 비가 온다는 예보가 있는데. 오늘 물을 주어도 괜찮을까? 물을 주지

않으면 다음 날엔 비가 한 방울도 오지 않고 목이 말라 가지를 축 늘어뜨린 식물이 나를 맞이한다. 그러면 물을 주는 게 맞을까? 그것도 아니다. 일기 예보가 잘 맞지 않는다는 핑계로 물을 흠뻑 주면 다음 날부터는 기필코 비가 온다. 흙은 마를 기미가 안 보이고, 얼씨구! 뿌리파리까지 보이기 시작한다. 뿌리파리가 더 퍼지기 전에 약을 쳐야 한다. 축축한 흙에 파란색 약을 탄 물을 준다. 이제 흙은 영원히 마르지 않을 듯 물기를 가득 머금는다. 며칠간 비가 오고 나서 기다리던 해가 나올 때 즈음이면 이미 식물은 과습으로 뿌리가 썩어 잎을 떨구기 시작한다. 여름은 겸손의 계절이다. 봄엔 무엇을 해도 잘 자라는 식물들을 보며 흐뭇해하고 그것이 내 능력인 양 착각한다. 그러다 여름이 오면 현실을 자각하고 한껏 겸손해진다. 가을에 다시 살아나는 식물을 보면 자연의 주도면밀한 설계에 감탄한다. 식물은 자연의 설계대로 자랄 뿐 나의 역할은 물시중을 드는 것 정도라는 것을 깨닫는다.

여름

가을은 또 다른 봄. 8월 중순이 지나고 뜨거운 바람이 식기 시작하면서 새 식물에 마음이 동한다. 자주 이용하는 온라인숍부터 평소엔 쳐다보지도 않던 대형 마트의 식물 코너까지 기웃거린다. 초여름에 심은 달리아가 꽃을 피우기 시작했으니 곧 가을이 올 테지. 이제 냉장고에 넣어둔 아마릴리스 구근을 심어도 괜찮을 거야. 크리스마스에 꽃이 피면 참 예쁠 텐데. 가을 작물은 물론이고 겨울을 떠올리며 무엇을 심을까 고민한다.

새 식물은 어떤 녀석을 들일까. 식물을 키우기 시작한 지 얼마 안 되었을 때에는 계절마다 새 식물을 한가득 들였다. 계절이 바뀌면 죽어버리는 식물들이 반 이상이었고 그다음엔 수형이 멋지고, 이를테면 폼이 나는 식물을 데려오곤 했다. 어느 순간 그 자리를 새 식물로 채우는 과정이 영 거북하고 무언가 잘못된 것처럼 느껴졌다. 생명을 제대로 돌보지 못했는데 그 자리를 새 가구를 사듯이 쉽게 대체해버렸다는 것에서 기

달리아. 어릴 적 다닌 초등학교 뒷편엔 가을이면 달리아가 피어 있었다. 그래서 인지 달리아를 보면 정겨운 느낌이 든다. 그 추억 덕에 매년 여름이면 달리아 씨앗을 심는다.

여름

인한 죄책감이었다. 지금은 눈에 아른거리는 식물이 있으면 위시리스트에 적어두고 적당한 때가 오면 하나씩 꺼내어 고민한다. 장미는 아직은 아니야, 잘 키울 수 있을 것 같지 않아. 클레마티스는 내년 봄에 들이는 게 좋을 듯해. 아, 작약을 키워볼까? 가을이니까 시기도 딱 맞네! 토끼발고사리도 하나 들이자. 우리 집은 고사리들이 잘 자라니까 이 녀석도 괜찮을 거야.

고민 끝에 위시리스트에 있던 작약과 토끼발고사리를 구매하기로 했다. 작약은 몇 년간 리스트에 있었지만 당시엔 아직 때가 아니라고 생각해 여지껏 미뤄왔다(작약은 초보에게 쉽지 않은 식물이다). 몇 년간 함께한 식물이 많아지면서 이제는 조금이나마 자신이 생겼다. 토끼발고사리는 블루스타, 다바나 등 키우고 있는 고사리들의 원종이라 잘 자랄 거라는 확신이 있었다.

꽃을 빨리 보고 싶은 마음에 잎 상태가 좋지 않지만

작약 숙근. 커다랗고 아름다운 겹꽃과 짙은 향기 덕에 정원을 가꾸는 사람이라면 꼭 심는 식물 중 하나다. 통풍이 잘되는 양지에 두어야 건강하게 자라기 때문에 베란다에서 키우기엔 난도가 높다. 그래도 아침 일찍부터 햇살이 드는 동남향 베란다라면 가능하지 않을까?

여름

무성하게 자란 작약을 온라인숍 장바구니에 담아두었다. 그러다 어느 농원에서 올린 사진을 보았다. 흙바닥에 튼실한 작약 뿌리를 올려두고 찍은 사진이었다. 굵은 뿌리는 여기저기 뻗어나가 있고 그 사이에 통통한 눈이 올라와 있었다. 앞서 보았던 작약보다 신뢰가 갔다. 저 눈에서 새로운 가지를 받아서 키우면 좋겠다는 생각이 들었다. 먼저 담아둔 작약은 빼고 새로운 작약으로 결제를 했다. 당장 예쁘지 않아도 돼. 오래오래 함께할 수 있는 식물이 좋아.

주문한 작약을 받았을 때 바꾸길 잘했다고 생각했다. 몇 년간 해풍을 맞고 자란 작약이라고 했던가. 톱밥에 곱게 파묻혀 도착한 구근은 사진보다 크고 튼실했다. 작약은 처음이지만 왠지 모르게 마음이 놓였다. 뿌리 발달이 빠른 식물이라 큰 화분에 심어두고 물을 주었다. 언젠가 꽃을 피울 커다란 작약 구근이 저 흙 속에 있다고 생각하니 타임캡슐을 묻어놓은 것처럼 가슴이 두근거렸다. 토끼발고사리도 작약과 마찬가지로

분갈이 후 한 달이 지난 토끼발고사리.

잎보다는 근경이 두텁게 올라온 개체를 골랐다. 정성 껏 분갈이하고 물을 주었다. 물이 뚝뚝 떨어지는 화분을 들고 베란다를 이리저리 배회하다 맞는 자리를 찾아 내려놓았다. 아직 자리를 잡지 못해 건드리면 덜컥거리는 식물을 잘 고정하고 흙을 살포시 눌렀다. 열흘 정도 지켜보니 보송한 근경 사이에서 연둣빛 새순이 보인다. 한 달 정도 지나면 새 뿌리를 내리고 자리를 잡아가겠지.

토끼발고사리의 새순을 보며 베란다에 무릎을 모으고 앉아 있으니 선선한 바람이 불어온다. 옆에 자리한 오랜 청나래고사리는 올해도 어김없이 포자엽을 올리고 있다. 익숙하면서도 새로운 계절, 가을이 온다.

청나래고사리의 포자엽. 가을이 오면 청나래고사리는 새 잎을 내는 일을 멈추고 대신 포자엽을 올린다. 포자엽이 짙은 갈색으로 변해가는 사이 기존의 잎들은 모두 시들며 겨울을 맞는다.

여름

가을

| 🪑 | 라일락의 시간 | 24/09 |

감나무, 대추나무, 청나래고사리, 라일락

다른 계절보다 유독 가을의 신호를 좋아한다. 9월이 오면 출퇴근길에 있는 감나무와 대추나무를 이따금 올려다보며 열매가 맺혔는지 확인하기도 하고 아침마다 베란다 정원에서 청나래고사리 근경 사이로 올라온 포자엽을 관찰한다. 가을은 1년 중 마지막 기회의 계절이다. 아직 심지 않은 식물들이 있다면 지금이 심어야 하는 때이고, 심어둔 식물들이 있다면 그 결실을 눈으로 확인할 수 있는 때다. 모든 것을 정리하는 동시에 다음 해를 준비하는 시간이기도 하다.

(가을)

베란다 정원 여기저기에서 식물들이 새 옷으로 갈아입는 동안, 여름의 흔적을 고스란히 남긴 채 멈춰 있는 화분이 있었다. 작년 겨울에 들여온 라일락이었다. 보통 분갈이 후 적응기가 지나면 달려 있던 잎들은 쇠퇴하고 새로운 뿌리와 잎이 돋아나기 마련이다. 그런데 라일락은 무슨 이유에선지 가지마다 달려 있는 수많은 잎눈이 굳게 닫힌 채 세 계절을 보냈다. 봄에 꽃을 두어 송이 정도 보여줬을 뿐이다. 뿌리가 말라버린 건 아닐까? 손끝에 힘을 주고 얇은 가지 하나를 꺾어보니 그 속은 싱그러운 초록빛이었다.

단단한 가지는 여전히 살아 있음을 알리고 있었다. 하지만 여름 내내 햇볕에 그을린 잎들은 변화 없이 그대로였다. 여름의 더위 속에서 지친 이파리들은 가을이 오면 그 자리를 떠난다. 식물이 새로운 계절을 준비하는 과정이다. 그런데 이 라일락은 그런 순환을 거부하는 듯했다. 다른 식물들이 가을의 색을 입고 하나둘씩 변할 때도 라일락은 여전히 여름의 잔상을 남긴 채

라일락은 노지에서 월동이 가능하지만 화분에 심었다면 얼어버릴 수 있기 때문에 베란다에서 월동하는 것이 좋다. 겨울에는 물을 적게 주고, 봄에 꽃봉오리가 보이기 시작하면 겉흙이 다 마르기 전에 물을 준다. 양지를 좋아하기 때문에 베란다 창가에 두고 키워야 많은 꽃을 볼 수 있다.

가을

로 멈춰 있었다. 혹시 이대로 겨울을 맞는 건 아닐까? 한겨울 속에서 결국 기운을 잃고 말라버리지 않을까? 마음 한구석에서 걱정이 커져갔다. 고민 끝에 라일락의 이파리들을 하나씩 떼어내기 시작했다. 가을은 이제 시작이니까. 제 역할을 다한 것처럼 보이는 잎들을 떼어내는 건 라일락이 겨우내 버틸 힘을 모으도록 도와주는 일이라고 생각했다. 모든 이파리를 떼어내고 나니 앙상한 가지만 남은 모습에 스스로에게 의문이 들었다. 이게 과연 옳은 일이었을까? 벌거벗은 나무를 앞에 두고 그저 침묵 속에서 기다리는 것 외엔 아무것도 할 수 없다는 사실이 느껴진 순간, 덜컥 겁이 났다. 어쩌면 나의 조바심이 만들어낸 잘못된 행동이었을지도 모른다는 생각이 들었다. 나는 애써 모르척하며 라일락을 베란다 구석에 둔 채 잊고 지냈다. 한동안 라일락은 시간의 흐름을 잊은 듯 아무런 변화도 없이 고요했다.

며칠 전 베란다에 들어서는데 저 멀리서 연둣빛이 보

였다. 라일락 가지 끝, 그리고 잎사귀가 있던 자리 근처에서 연둣빛 무언가가 고개를 내밀고 있었다. 가까이서 보니 그동안 보이지 않던 작은 이파리들이 잎눈 사이에서 쏟아지듯 밀려 나오고 있었다. 나는 그 자리에 멈춰 서서 한참을 바라보았다. 라일락은 단순히 쉬고 있었을 뿐이다. 1년간 모든 것이 멈춘 것처럼 보였던 그 순간에도 자신만의 속도로 새로운 때를 준비하고 있었다. 나의 눈에 보이지 않았을 뿐이다. 내 마음의 불안과는 달리 라일락은 자신이 맞이해야 할 시기를 알고 있었다. 모든 것은 저마다의 속도와 시간에 따라 돌아가고 있구나. 변화가 보이지 않더라도 그것이 움직임의 부재를 의미하지 않는다는 걸 알았다.

기다란 가지 사이마다 움트는 이파리들을 바라보다 최근 내 삶의 모습이 떠올랐다. 오랜 시간 준비했지만 마무리된 일은 하나도 없이 모든 일이 현재진행형인 상태였다. 할 일은 쌓여만 가고 시간이 흘러가고 있음에도 완성된 결과물이 보이지 않으니 마음이 점점 조

가을

움트는 라일락.

내 작은 정원 이야기

급해졌다. 매일 해야 할 일들이 떠오를 때마다 나는 기다림이라는 단어를 잊은 사람처럼 안달이 났다. 이 모든 것을 더 빨리 끝내고 싶었다. 마치 라일락에 그랬던 것처럼. 무언가 강제로라도 결과를 만들어내고 싶은 충동에 사로잡혔다. 때론 사람은 기다릴 줄 모른다. 우리는 빠른 변화를 요구하고 결과를 원한다. 하지만 식물은 차분히 기다린다. 내가 아무것도 하지 않는다고 느끼거나 또는 식물이 그저 조용히 있는 것처럼 보일 때에도 그 안에서는 새로운 때가 차곡차곡 준비되고 있다.

지금 내 삶의 모습도 언젠가 결실을 맺기 위한 과정임을 자연스럽게 받아들이게 되었다. 비록 겉으로 드러나지 않아도 그 안에서 꾸준히 나아가고 있으며 초조해할 필요는 없다는 걸 요즘 라일락을 볼 때마다 떠올리게 된다. 무언가를 이루어야 한다는 조급한 마음에서 벗어나 이제는 기다림 속에서도 충분히 의미 있는 일이 일어나고 있다는 걸 알고 있다.

가을

이듬해 봄에 꽃이 핀 라일락.

| ㅠ | 잘라내기 | 23/09 |

등나무, 제라늄, 물푸레나무, 호접란, 긴잎아카시아, 호야, 베고니아

한숨 돌려도 좋다. 하루 정도는 화분을 들여다보지 않아도 괜찮은 계절이다. 낮 기온 23도, 습도 60퍼센트. 아무리 작은 화분이라도 한여름처럼 하루 사이에 물이 마를 일은 없다. 조금 게을러도 되겠다는 생각을 했다. 느긋하게 베란다 정원을 정비하기 좋은 때다.

식물의 위치를 이동하고 여름의 흔적들을 빗자루로 쓸어내렸다. 응애의 습격을 받았던 등나무는 피해가 컸던 부분을 잘라내고 뿌리가 꽉 찬 제라늄은 분갈이를 했다. 분갈이를 하는 김에 백화 현상으로 얼룩덜룩

(가을)

가을이 오며 원래의 무늬를 되찾고 있는 제라늄(페라고늄).

하게 변한 잎을 따고 해가 잘 드는 곳으로 위치를 옮겼다. 여름을 호되게 앓았던 물푸레나무의 마른 가지는 잘라서 호접란의 지지대로 사용했다. 자르고 붙이고 털어내고. 여름 가드닝이 치열했다면 가을은 나뭇잎과 흙을 만지며 소꿉장난을 하는 느낌이다.

가을이 오면 늘 고민하는 것이 있다. 가지치기를 할까 말까. 나는 아직도 가지치기에 소극적인 편이다. 수형에 큰 욕심이 없는 편이기도 하고, 그냥 그들 마음 가는 대로 규칙 없이 자라는 식물이 좋다. 한때는 길에서 강전정을 한 나무만 보아도 마음이 안 좋아 내가 키우는 식물들은 절대 자르지 말아야겠다고 생각한 적도 있다. 하지만 식물을 키우는 햇수가 늘어나면 피할 수 없는 선택을 해야 할 때가 온다. 때론 그것이 옳은 방향이라는 것을 뒤늦게 깨달을 때가 있다.

재작년 가을, 오래 함께한 긴잎아카시아가 어느 순간부터 휘청거리기 시작했다. 가분수라고 해야 하나. 목대는 여전히 얇은데 한쪽으로 뻗어나가는 가지 때문에 금방이라도 꺾일 듯 위태로워 보였다. 그즈음 종로에 위치한 한 식물 가게의 인스타그램 게시물을 보았다. 그곳은 호주 식물의 성지로 정평이 나 있는 곳이다. 아카시아는 적절한 시기에 가지치기를 해야 지지대 없이도 곧게 자란다는 사실을 이때 처음 알았다. 적절한 가지치기는 식물의 성장을 도우니 때론 과감하게 자르는 것이 좋다는 사장님의 주문에 어떤 부끄러운 기억이 떠올랐다.

오래전 C 잡지와의 인터뷰를 앞두고 한쪽으로 쏠린 긴잎아카시아 가지를 잡아 틀어서 지지대로 고정해두고 촬영을 진행했었다. 식물을 위한 행동이 아닌, 사진이 잘 나왔으면 하는 내 욕심 때문이었다. 식물과 평생 함께하는 삶을 꿈꾼다면서 무슨 자신감으로 저런 모습을 내놓았을까.

그때 묶어놓았던 지지대를 이제야 제거하려고 했지

C 잡지에 실린 긴잎아카시아와 클리핑 로즈마리.

가을

만, 이미 장시간 지지대에 기대버린 줄기는 홀로 서 있기 어려워 보였다. 어떤 식으로 가지를 자르든 지금보다는 낫겠다는 생각에 가지치기에 대한 불편한 마음을 잠시 한쪽으로 밀어두었다. 식물 가게 게시글의 사진과 설명을 참고하여 가지를 바짝 잘라내고 원줄기 하나만을 남겼다.

겨우내 긴잎아카시아는 죽은 듯 조용했다. 내가 가위질을 잘못했나? 수많은 후회와 기대가 교차하는 겨울을 보냈다. 그러다 작년 봄, 잎눈이 하나둘씩 보이기 시작했고 여름에 마주한 긴잎아카시아는 이전과는 확연히 다른 모습이었다. 휘청대고 얇던 목대는 굵고 단단해졌고 더 이상 흔들리지 않았다. 지금 긴잎아카시아는 여태까지 보아왔던 모습 중 가장 싱그럽고 건강해 보인다. 물을 언제 주어야 하나, 손가락을 흙에 푹 찔러 넣으니 뿌리가 만져진다. 화분에 뿌리가 꽉 차 있다는 신호다. 언제 이렇게 꽉 찼담. 가지를 자르면 식물은 충분한 광합성을 위해 새 잎눈을 만들어

내 작은 정원 이야기

가지치기 후 1년 만에 풍성하게 자란 긴잎아카시아. 자세히 보면 잘랐던 부분이 보인다. 긴잎아카시아는 비료를 적게 주어야 한다. 뿌리혹에 질소를 고정하는 균이 있어 과한 영양제가 필요하지 않다. 오히려 고사할 수 있으니 주의하자. 건조한 호주가 원산지이기 때문에 흙이 충분히 마른 후 물을 주는 것이 좋다.

야 하고 뿌리는 그만큼 더 많은 양의 물을 흡수해야 한다. 결과적으로 뿌리를 더 넓게 뻗는 동시에 강하게 흙에 활착한다. 목대도 그에 따라 굵어진다. 가지치기를 통해 내실을 다지는 시기를 보낸 셈이다.

긴잎아카시아의 성장을 보았음에도 지금의 난 아직도 가지치기에 소극적이다. 며칠 전에도 가위를 들고 이리저리 베란다를 배회하다 덩굴처럼 자란 호야 앞에 멈췄다. 옆집 아주머니가 호야를 보고 이렇게 키우는 것이 아니라며 치렁치렁한 가지는 자르고 지지대를 세워야 한다고 하셨었지. 하지만 이 녀석은 가지치기가 필요하지 않은걸. 이렇게 잘 자라고 있는데 말이야. 가위를 내려놓았다. 식물에게 필요한 것인지 내가 원하는 것인지 생각해보면 후자인 경우가 대부분이다. 얼마 전 베고니아 지지대를 고정하다 줄기가 뚝 부러진 일이 있었다. 내 손으로 꺾은 멀쩡한 가지를 내려다보며 다시는 느끼고 싶지 않은 감정이 들었다. 살아 있는 무언가의 일부를 잘라내고 피를 내어 다시 새살을 유도한다. 필요해도 불편한 감정이다. 유난인 듯해도 내 기분이 그런 걸 어쩌겠어. 모두가 긴잎아카시아처럼 살 필요는 없는걸.

| 바람의 온도가 바뀌는 계절 | 23/10 |

고구마, 감, 백화등, 미니 콩고, 블루바드, 마오리 코로키아,
긴잎아카시아, 청나래고사리, 금영화, 클라이밍 로즈마리

"엄마 정원에 고구마 캐러 올래?" 옆 동네에 사는 J와 통화를 하다 J 어머님의 정원에 초대를 받았다. 가을 햇살이 드는 자리에서 시간 가는 줄도 모르고 고구마를 캤다. 두어 시간 지났을까, 한기를 느껴 고개를 드니 구름이 햇살을 가리고 있었다. 햇살이 빠져나간 자리엔 찬 기운이 스며들기 시작했다. 햇살은 여전히 가을을 가리키지만 바람은 이미 겨울을 향하고 있다. 잠깐 사이에 깊어진 가을을 체감했다.

고구마를 한가득 들고 집에 도착하니 해가 지고 있다.

백화등은 늦가을 기온이 급격하게 내려가면 단풍이 들기 시작한다. 이때부터는 물을 적게 준다. 푸른 잎들은 그대로 남지만 단풍이 든 잎들은 겨울이 오면 모두 떨어진다. 봄이 오면 그 자리에서 새 잎과 가지가 돋는다.

가을

창밖 감나무를 보니 감들도 익을 만큼 익어 이젠 노을을 닮은 색을 띄고 대추나무는 잎을 떨구며 겨울을 준비하는 중이다. 응애도, 뿌리파리도 자취를 감췄다. 봄이 오면 다시 모습을 드러내겠지만 지금부터 적어도 4개월간은 휴전인 셈이다. 창가의 백화등 잎이 하나둘씩 빨갛게 물들기 시작한다. 푸르던 베란다에도 가을이 왔다.

가을을 탄다는 말이 있듯이 이때 즈음 많은 사람이 우울함을 느낀다고 한다. 찬 기운을 피부로 느끼며 한 해가 저물어간다는 사실을 마주하기 때문일까. 나 역시 이 시기엔 마음이 텅 빈 듯한 공허함과 한 해 동안 특별한 성과 없이 그저 그렇게 살아왔다는 무용함을 느끼곤 했다. 어찌할 바를 모르고 좋지 않은 기분에 몸을 맡긴 채 이 시간이 빨리 지나가기만을 바랐다. 지금 생각해보면 나에게 이 계절은 그해의 성적표를 받는 계절일 뿐이었다. 늘 형편없다고 생각했기 때문에 더 삭막하고 차갑게 느껴졌던 것 같다. 식물을 맨 처음 구매했던 때도 찬바람이 불던 늦가을이었다. 퇴근 후 대형마트에 들렀다 에스컬레이터 옆 작은 공간에 자리한 식물 가게의 미니 콩고 화분을 보았다. 푸석한 얼굴로 반질반질 윤기가 나는 잎들을 멍하니 바라보다 홀린 듯 식물 가게로 들어갔다.

"저 하얀 화분에 있는 식물을 구매하고 싶은데, 잘 안 죽나요? 제가 식물을 처음 키워봐서요." 식물 가게 주인은 이런 질문을 수도 없이 들었는지 빛이 잘 안 들어오는 장소에 두어도 괜찮고 물은 일주일에 한 번씩만 주면 되니 걱정하지 말라고 대답했다. 집에 데려온 미니 콩고는 마트 조명 아래서보다 조금 덜 반짝거렸지만 그래도 좋았다. 초록빛 하나 없이 하얗고 건조한 내 방에서 미니 콩고는 유독 빛나 보였다. 뭐, 식물 가게에서 뿌린 잎 광택제 덕분이겠지만 그때의 나는 그걸 알 턱이 없었다. 그저 내 기분이 조금 나아졌다는 사실이 좋았다. 이후로 블루바드, 마오리 코로키아, 긴잎아카시아를 비롯해 길을 가다 예뻐 보이는 식물들을 하나둘씩 구입했고 아무런 지식 없이 구입한 대가로 많이도 떠나보냈다. 초창기 식물들 중 살아남은 건 긴잎아카시아뿐이다. 점차 식물이 늘어가고 스스로 배워가며 곁을 떠나는 식물이 적어졌다. 다음 계절을 바라볼 여유도 생겼다. 봄에서 여름, 가을에서 겨울, 다시 봄. 몇 해가 지나고 계절 사이 이상의 더 먼 미래를 바라보고 있다.

가을은 또 다른 봄이다. 백화등이 잎을 붉게 물들이고 청나래고사리가 하나둘 시드는 가을의 반대편엔 새로이 씨앗을 뿌리고 구근을 심고 꽃을 피우기 시작하는 또 다른 가을이 있다. 어제는 금영화 씨앗을 파종했고 추식 구근을 주문해뒀다. 클리핑 로즈마리에는 꽃봉오리가 달리기 시작했다. 노지에서 자라는 클리핑 로즈마리는 아주 추운 시기를 제외하고는 사시사철 꽃을 피우지만 우리 집에선 늘 늦가을부터 꽃을 피우고 한겨울 내내 꽃을 보여주다 봄이 오기 전에 멈춘다. 우리 집 환경에 적응하다 보니 이 녀석들 나름대

찬 바람이 불면 피기 시작하는 클리핑 로즈마리의 꽃.

가을

로의 사계절 루틴이 생긴 것이다. 나비를 닮은 보랏빛 작은 꽃은 몇 년간 클리핑 로즈마리가 일궈낸 성과나 다름없다. 식물과 궤를 함께하면서 공허함이나 무용함 같은 감정들은 오래전의 것이 되었다.

달력의 숫자는 끝을 향해 달려가지만 끝이 나면 다시 1에서 새로운 날이 시작되듯 사계절은 늘 다시 돌아오고 순환한다. 모든 것엔 다 때가 있다는 듯 식물들이 각자의 속도로 나아가고 조급해하지 않는 이유다. 무언가를 이뤄내지 못했다며 자신을 다그칠 필요도 없고 아무것도 하지 않았다는 기분을 느낄 필요도 없다. 크든 작든 모두 무용하지 않은 무언가를 한 가지라도 해내며 한 해를 보내고 있다. 1층 할머님이 남겨 놓은 감나무의 까치밥, 고구마를 캐다 나온 지렁이 위로 덮어준 촉촉한 흙 한 줌까지. 누구라도 작든 크든 무언가를 일구어냈을 만한 사소한 일들이다. 덕분에 어느 까치는 배불리 먹었을 것이고 그 지렁이는 흙 속을 풍요롭게 가꾸고 있겠지.

J 어머님 댁 정원에서 캐낸 고구마.

가을

| ㅠ | 공존 | 24/10 |

보스턴고사리, 베고니아, 드라세나, 클리핑 로즈마리,
긴잎아카시아, 백화등, 물푸레나무, 청나래고사리, 수국

겨울을 앞두고 실내로 들일 식물 목록을 정리했다. 보스턴고사리, 베고니아, 드라세나 등이 리스트에 올랐다. 식물로 가득 차 있던 베란다 정원과도 잠시 안녕이다. 화분을 실내로 옮기기 전에 아빠와 함께 베란다 정원을 둘러보았다. 늦가을에 들어서면서 식물들의 성장이 더뎌졌고 내가 해야 할 일도 줄었다. 그래서인지 식물을 전만큼 자주 들여다보지 않고 있었는데, 봄이 오기 전까지 이 풍경을 보지 못한다고 생각하니 조금이라도 눈에 담아두고 싶어졌다.

내 작은 정원 이야기

"식물들이 다들 완숙해진 것 같아." 생각해보니 나와 오래 함께한 식물들이 많아졌다. 각자 자리에서 햇빛을 받고 바람을 맞으며 여러 해를 거친 식물들은 이제 제법 자리를 잡았다. 정확히 말하면 우리 집 베란다에 적응한 식물들만 살아남은 셈이다. 다들 처음 데려왔을 때보다 서너 배는 더 커진 것 같다. 연차가 꽤 되긴 했지. 적응한 식물들은 이젠 다들 각자의 자리가 있다. 강렬한 직사광선이 드는 곳엔 클리핑 로즈마리, 그 옆엔 긴잎아카시아가 있다. 이름 그대로 기다랗고 가는 잎을 가진 긴잎아카시아는 하늘하늘하고 성긴 그늘을 만들어낸다. 그 뒤엔 적당한 빛을 좋아하는 백화등이 자리하고 있다. 긴잎아카시아가 자연스럽게 만들어내는 그림자 속에서 백화등은 따뜻한 햇살과 은은한 그늘을 오가며 평화롭게 지내고 있다. 베란다 안쪽으로 들어가면 키가 큰 물푸레나무가 자리 잡고 있다. 물푸레나무는 가지 밑에 모인 청나래고사리들에게 아늑한 그늘을 제공한다. 고사리 옆 선반은 따갑지 않은 온화한 햇살이 드는 곳. 이곳엔 수국들이

가을

화분을 실내로 옮기기 전에 베란다 정원 곳곳을 촬영해둔다. 봄에 화분을 다시 베란다로 옮길 때 어디에 두어야 하는지 확인하는 용도지만 겨우내 화분 위치를 새로이 구상하기 위해서이기도 하다.

내 작은 정원 이야기

있다. 수국은 너무 강한 빛을 좋아하지 않기에 부드러운 빛이 들어오는 이 자리가 적당하다.

비록 넓은 땅에 뿌리를 내린 것도 아니고 각각의 화분에 심겨 있지만 서로 이어져 있다고 느낄 때가 있다. 오랜 시간 식물들이 함께 자라는 모습을 보고 있으면 모두가 따로인 것 같으면서도 연결된 것 같은 분위기가 느껴진다. 서로에게 적당한 그늘과 빛을 나눠주고 각자의 위치에서 조화를 이루며 자라나는 이 모습이 참 신기하다.

《식물변형론》에서 괴테는 이렇게 말했다. "식물은 생장에 영향을 미치는 수많은 환경 조건에 적응한 후, 모양을 갖춰가고, 또 그 형태를 변형시킬 수 있는 가동성과 유연성의 능력을 부여받은 존재이다." 베란다에 자리 잡은 이 식물들도 자신에게 맞는 자리에서 자라나며 변화하고 있다. 식물은 어떤 환경에서든 적응하고 주변과 조화를 이루며 공존하는 법을 찾아간다.

가을

문득 떠오른 생각이 있다. 나는 가끔씩 본업과 글을 쓰는 일 사이에서 괴리감을 느끼곤 한다. 본업은 장비로 둘러싸인 하얀 공간에서 데이터를 분석하고 해석하는 일이다. 온종일 수많은 숫자와 도표를 마주하며 의미를 찾아내는 작업은 내게 익숙하지만, 하루를 그렇게 보낸 후 집에 돌아와 글을 쓰려면 마치 다른 세계에 들어온 기분이 든다. 두 세계는 너무나 다르다. 하나는 정밀함과 효율성이 요구되고, 다른 하나는 조금 더 자유로운 감정의 흐름을 따라가는 세계다. 서로 너무 다른 영역이라 양쪽에 발을 한쪽씩 내딛고 있는 느낌이 때로는 어색하기까지 하다.

둘로 나뉜 영역 중 하나에 몰입하려다 오히려 그 거리가 더 멀어지기도 한다. 단시간에 새로운 영역에 몰입하는 것이 쉽지 않고, 한쪽을 끌어안으려 하면 자연스레 다른 쪽이 밀려나는 느낌이다. 의문이 든다. 두 세계를 굳이 나눠야 할 필요가 있을까? 베란다의 작은 숲을 바라볼 때면 질문에 대한 답이 조금 풀리는 것

내 작은 정원 이야기

같다. 식물들도 각기 다른 모습과 특성을 갖고 있지만 결국 하나의 공간에서 공존하고 있다. 물푸레나무 아래 모여 있는 고사리들처럼 식물들은 서로가 만든 환경 속에서 자연스레 어우러진다.

수많은 숫자를 읽다가 집에 돌아와 글을 쓰는 순간 느끼는 괴리감은 여전히 낯설지만 작은 숲을 보고 있으면 거리감이 조금은 희미해진다. 본업과 글을 쓰는 일, 서로 다르지만 결국 나를 이루는 두 축이다. 그렇다면 굳이 분리해 생각할 필요가 있을까? 식물들이 환경에 따라 유연하게 자라듯 둘도 서로의 자리를 인정하고 조화롭게 어우러지기를 바란다. 시간이 흐르면 나도 어느 곳에서든 자연스레 자리를 잡게 되리라 믿는다.

청나래고사리의 시든 이파리들을 잘라냈다. 겨울이 다가오면 늘 하는 일들 중 하나다.

| ㅠ | 겨울의 스케치 | 23/11 |

한련화, 클리핑 로즈마리, 청나래고사리, 튤립, 수선화,
재나두필로덴드론, 작약, 백화등, 등나무

새벽 공기가 꽤 차가워졌다. 아직 어둑한 베란다를 둘러본다. 따뜻한 이불 속에 있다 차가운 공기를 마주하니 손발이 시리다. 왼손엔 잠옷 소매를 끌어당겨 그러쥐고 오른손엔 양철 물뿌리개를 들고 화분에 조르륵 물을 준다. 출근 준비를 하면서도 아까 고민하다 물을 주지 않았던 식물들을 떠올린다. 출근 전에 한 번 더 둘러보고 나가자. 아침 7시쯤 다시 베란다에 들어서니 가늘고 투명한 초겨울 햇살이 창 가까이에 자리한 식물들에게 손을 뻗는다. 밤사이 창을 향해 새 줄기를 틔워낸 한련화 잎에 가장 먼저 닿는다. 동글동글한

(가을)

잎 테두리를 따라 햇살이 반짝거린다. 짙은 초록색이던 클리핑 로즈마리는 연둣빛으로 바뀌어간다. 베란다 깊은 곳은 아직도 푸른 새벽이지만 오래가지 않을 것 같다. 10분 남짓한 시간 동안 햇살이 닿는 이파리들이 늘어나면서 반짝임이 더해진다. 가장 안쪽에 있던 청나래고사리 포자엽에 햇살이 닿고 나서야 장면이 멈추고 거실 벽에 걸린 시계 초침 소리가 선명하게 들려온다. 우연히 목격한 근사한 장면 덕에 들뜬 기분으로 집을 나선다. 이번 겨울의 기억 속 필름에 한 컷이 늘었다.

이런 여유가 얼마 만인지. 봄엔 피어나는 튤립과 수선화를 돌보느라 정신없었고 여름엔 아침부터 저녁까지 물을 주며 하루를 보냈다. 가을이 오고 나서야 한숨 돌리나 싶었는데 마침 연초에 작성한 분갈이 리스트가 생각났다. 지금 미룬 분갈이는 가을의 내가 하겠지라는 안일한 생각으로 봄을 보낸 걸 후회했다. 곧 겨울이니 더 이상 미룰 수가 없었다. 리스트에 적

이른 겨울 아침. 파종한 지 한 달 된 한련화.

가을

청나래고사리의 마른 포자엽. 잘라내도 되지만 겨울에만 볼 수 있는 이 모습이 좋아서 그대로 남겨두었다.

힌 모든 식물에 선을 긋고 나서야 분갈이의 굴레에서 겨우 빠져나왔다. 재나두필로덴드론, 물푸레나무, 긴잎아카시아… 이 묵은둥이들을 분갈이하느라 허리를 삐끗해 한의원 신세까지 졌다. 아픈 허리를 두드리며 분갈이한 식물들을 둘러보다 갑자기 울컥했다. 식물이 좋아서 시작한 일인데 몸까지 아프다니. 부산스러운 나에 반해 늘 고고한 모습의 식물이 얄미워졌다. 살던 집에서 갑자기 이사하게 된 식물들이 더 고생이라는 것을 알면서도 괜스레 원망의 눈초리를 보냈다.

나에게서 무언의 압박을 느낀 걸까. 분갈이한 식물들은 무탈하게 겨울을 맞았다. 아침 햇살에 반짝이는 물푸레나무를 바라보며 차가운 공기를 들이마시고 내쉰다. 지난가을은 아득한 옛날같이 느껴지고 새로운 날들이 시작되는 느낌이다. 이제야 나의 정원을 온전히 감상할 수 있는 날이 왔다.

잔뜩 웅크리고 있는 청나래고사리, 흙 위로 삐쭉 머리

가을

흙에 묻혀 있던 작약의 잎눈. 점점 커지며 모습을 드러내고 있다. 이 상태로 겨울을 보내고 봄이 오면 잎눈이 트이며 새 가지가 올라온다.

내 작은 정원 이야기

를 내민 구근들, 작약 숙근 사이의 조그마한 눈. 겨울에만 볼 수 있는 이 장면들이 너무 소중해 한참을 바라보았다. 겨울의 베란다 정원은 정적이고 고요한 듯 보인다. 흙 위에선 별다른 신호를 느낄 수 없지만 흙 속은 어느 때보다 생명력이 넘친다. 이전엔 한 번도 경험해보지 못한 곳으로 뿌리를 내리며 더 나은 봄을 위한 준비를 한다. 분명 푸르름은 여름만 못한데, 식물과 함께하는 사계절을 여러 번 보내고서야 겨울만의 재미를 알았다. 옹기종기 모인 흙뿐인 화분을 바라만 보아도 흐뭇한 이유는 저 안에 무한한 가능성이 담겨 있기 때문이다. 보이는 것보다 보이지 않는 것이 더 흥미롭다고, 화분엔 이미 제각각의 봄이 담겨 있고 어떤 모습일지는 봄이 와야 알 수 있다. 겨울이 없는 봄은 없다. 지금 존재하지 않는 봄은 3월이 와도 존재하지 않는다. 매년 봄이면 향긋한 꽃을 피우는 백화등과 여름 내내 푸른 잎을 뽐내는 등나무도 모두 겨울의 작품이다. 식물은 겨울이라는 스케치 위에서 제 각각의 그림을 그려낸다. 이번 겨울이 그려내는 봄은 어떤

가을

모습일까. 내년엔 작약 꽃을 볼 수 있을까. 저 작은 눈에 차오르는 봄을 기대하고 있다.

민스파이

24/11

작약, 은방울꽃, 크로커스, 수선화, 청나래고사리, 등나무

올해도 어김없이 민스파이(mince pie)를 주문했다. 영국에 사는 판매자가 직접 구매해서 보내주는 제품이라 지금 주문해야 12월 초에 받을 수 있다. 민스파이는 영국에서 크리스마스 즈음에 즐기는 디저트인데, 중학생이 되었을 무렵 영화 〈해리포터〉 시리즈를 보며 처음 접했다. 별 모양의 크러스트를 씌운 민스파이가 한가득 쌓여 있는 장면이 나올 때면 정지 버튼을 누른 채 뚫어져라 쳐다보곤 했다. 한 입 베어 물면 바삭함이 느껴지겠지. 검붉은 속은 어떤 맛일까? 이때 기억이 꽤나 강렬했나 보다. 몇 해 전 민스파이를 영

가을

겨울의 수많은 기쁨 중 한 가지. 민스파이.

내 작은 정원 이야기

국에서 직구할 수 있다는 것을 알게 되고 나서 연말이면 두어 박스 주문해서 가족들과 나눠 먹곤 한다. 쌉싸름하면서 따스한 향신료와 건과일들이 주는 달달함. 우리 집에서는 오직 겨울에만 먹는 디저트이기에 더 특별하다. 이 외에도 나의 겨울엔 수많은 기쁨들이 자리한다. 다른 계절보다 여유가 있기에 그럴지도 모르겠다.

덕분에 겨울은 좀 더 반짝이고 선명한 느낌이다. 때마다 정해둔 기쁨들이 촘촘히 짜여 차가운 바람이 마음속을 드나들 새가 없다. 더 추워지면 크림 스튜도 만들어야 하고, 밀크티도 푹 끓여 마시자. 그사이에 작약을 들여다보는 것도 잊지 말자. 다음 봄을 위한 눈들이 만들어져 있을 테니. 아! 참, 은방울꽃의 새싹도 기다려야지. 민스파이를 주문하고 베란다로 나가 보니 크로커스 싹이 며칠 전보다 조금 더 자랐다. 수선화 구근 근처 흙 표면엔 그어놓은 듯 기다란 줄이 보였다. 뿌리가 나면서 틈이 생겨 흙이 갈라지는 것이

가을

겨울과 가까워진 빛.

내 작은 정원 이야기

다. 오늘의 기쁨이 하나 더 추가됐다. '수선화 구근이 뿌리를 내리기 시작했음!' 구근을 심고 자라는 과정을 관찰하는 것은 내게 작지만 확실한 기쁨이다. 오늘 크로커스 싹이 조금 더 자란 것을 확인했으니 내일은 또 다른 작은 변화가 있지 않을까? 그런 기대가 하루를 더 설레게 만든다.

겨울 속 식물들은 다른 계절과 사뭇 다르다. 여름내 푸르렀던 청나래고사리와 등나무도 겨울에 몸을 맡기기 시작했다. 서서히 노랗게 물들어가는 이파리는 내게도 겨울이 왔다는 사실을 각인시킨다. 나 또한 계절의 흐름에 속해 있다는 것을 실감하는 순간이다. 시들어간다는 것에 대한 새로운 생각을 하게 된다. 겉으로는 쇠락처럼 보이지만 사실은 다음을 위한 시작이다. 낙엽으로 떨어져 흙으로 돌아가고 그 흙은 다시 새로운 생명을 키워낸다. 겨울은 그런 의미에서 가장 깊은 순환의 계절이다. 겉으로는 조용히 사라지는 것 같지만 그 속에 새로운 삶의 에너지가 차곡차곡 쌓이

가을

겨울의 베란다 정원 풍경. 수선화 구근과 청나래고사리.

고 있다.

어느 순간 나는 겨울의 고유한 느낌을 좋아하게 되었다. 모든 것이 천천히, 그러나 분명히 흘러가는 걸 알고 있으니까. 식물이 하루가 다르게 자라는 여름과는 다른 즐거움이다. 계속 기다린다. 저 앞에 있을 어느 때를 바라보면서. 민스파이를 기다리는 것도 그 느낌의 일부다. 아직 몇 주는 더 기다려야 하지만 그 기다림조차 겨울의 한 장면이니까. 작은 구근이 싹을 틔우고 고사리가 시들어가고 등나무 잎사귀가 노랗게 물드는 이 모든 변화는 내가 자연 속에서 살고 있다는 사실을 새삼스레 되새겨준다. 식물을 키우며 계절에 따라 달라지는 풍경을 가까이에서 지켜볼 수 있다는 건 엄청난 행운이다. 나는 그런 행운 속에서 나만의 속도로 계절을 즐기고 있다.

내일 아침 베란다에 나가면 크로커스 싹이 더 자랐을지도 모르고 청나래고사리의 마지막 이파리가 더 노랗게 변했을 수도 있다. 혹은 아무 변화가 없을지도 모른다. 변화가 있든 없든 그 모든 과정을 지켜보는 시간이 즐겁다. 주변의 사소한 것들에서 발견하는 크고 작은 기쁨들. 이를테면 구근을 심어둔 화분 흙 표면에서 이전에 없던 균열을 발견했을 때나 민스파이를 한 입 베어 물 때의 기쁨. 바로 내가 사랑하는 겨울의 풍경이다.

등나무. 잎을 떼어내지 않고 자연스럽게 하엽 지도록 둔다.

가을

겨울

각각의 서사

22/12

아마릴리스, 히아신스, 무스카리, 수선화, 크로커스, 실라, 스노드롭, 아이페이온, 튤립

내년 봄을 기대하시라. 가족들에게 꽃으로 가득한 베란다를 만들겠다며 큰소리를 쳤더니 어깨가 무겁다. 식물에 관심이 있던 역사가 전무한 우리 집 식구들은 내가 키우는 모든 식물을 신기하게 여긴다. 이전에 아마릴리스 구근을 심었을 때 엄마는 "얘가 하다 하다 양파까지 심었구나!" 하고 생각하셨단다. 베란다를 꽃으로 가득 채우려면 못해도 백 개 이상의 구근을 심어야 제법 태가 날 듯했다. 결심이 섰으니 식재 모델을 찾고 리스트를 짜기 시작했다. 이것도 넣고 저것도 넣고…. 이러다 아파트 화단을 빌려야 할지도 모를 일

겨울

이었다. 봄에 꽃이 피면 같은 라인 주민들한테 나눠준다고 하고 빌려볼까? 구근 욕심에 생각이 말도 안 되는 지점까지 다다랐다.

히아신스는 향이 좋으니까 종류별로 다 넣고, 무스카리는 군데군데 넣으면 보기 좋겠어. 수선화는 당연히 많이 넣어야지. 오렌지주스는 이름부터 마음에 드니까 다섯 개를 넣자. 베이비문? 이건 좀 작지만 귀엽네. 크로커스랑 함께 낮은 토분에 심으면 괜찮겠는데. 그럼 열 개를 넣고, 수선화는 그늘에서도 잘 자라니까 몽땅 심어봐야지. 실라는 스노드롭하고 같이 심으면 청초하니 예쁘겠어. 아이페이온? 이건 처음 보는데 신기하니까 넣고, 당연히 모든 색으로. 아, 깜빡했네. 튤립을 넣어야지. 데이드림과 실크로드는 작년에 못 샀으니까 넣고, 겹튤립도 종류별로 다 넣고.

주문을 하고 나서야 현실로 돌아와 아파트 화단은 포기하고 어떻게 하면 베란다에 전부 다 심을 수 있을지

내 작은 정원 이야기

무스카리 아주레움.

겨울

수선화 오렌지주스, 윈스턴 처칠.

고민하기 시작했다. 언젠가 외서에서 구근을 층별로 레이어링해서 심는 그림을 본 기억이 났다. 화분당 구근 열다섯 개쯤은 넣을 수 있겠다. 그럼 구근을 더 주문해도 되겠다 싶었다. 수선화 구근 열댓 개와 20킬로그램짜리 흙 한 포대를 추가로 주문했다. 클릭을 몇 번 한 것뿐인데 벌써 뿌듯했다. 며칠이 지나 현관문 앞에 엄청난 무게의 현실이 도착하고서야 비로소 정신을 차렸다. 고생은 미래의 내가 하리라는 안일한 마음가짐의 대가가 이렇게 무거울 줄이야.

구근을 심을 때 필요한 건 딱 두 가지다. 인내심과 튼튼한 허리. 먼저 뒷베란다로 가서 홍시를 올려둔 납작한 소쿠리를 슬쩍 가져왔다. 상자에서 구근을 꺼내어 종류별로 소쿠리에 펼쳐두었다. 구근 상태를 확인하며 하나씩 껍질을 까줬다. 한 개, 두 개… 다섯 개… 열 개… 스무 개… 백 개가 넘어가면서 구근을 걸러내는 기준이 점점 관대해졌다. 상처가 있어서 따로 상자에 분리해뒀던 구근을 모른 척 다시 소쿠리에 담았

겨울

수선화, 튤립, 크로커스 구근들. 수선화와 튤립처럼 크기가 큰 구근들은 넓게 뿌리를 내리기 때문에 큰 화분에 심는 것이 좋다. 그에 반해 크로커스나 무스카리처럼 크기가 작은 구근들은 곰팡이에 취약하기 때문에 과습이 오지 않도록 낮고 작은 화분에 심는 것을 추천한다.

내 작은 정원 이야기

다. 이 정도 상처는 괜찮을 거야. 내 구근은 모든 곰팡이가 피해 갈 것이라고 믿었다. 구근을 전부 손질하고 바람이 잘 드는 그늘에 소쿠리를 두었다. 시원한 바람아 곰팡이를 날려다오!

이틀 후, 구근 표면이 잘 말랐다. 빈 화분을 꺼내고 흙 포대를 열었다. 목욕 의자를 꺼내와 자리를 잡고 앉아서 흙-구근-흙을 순서대로 반복해서 심었다. 처음엔 식재 리스트를 보고 심다가 인내심에 한계가 왔다. 에라, 모르겠다. 즉흥적으로 마구 섞어 심기 시작했다. 꽃이 피기 시작하면 매일같이 뽑기를 하는 기분일지도 모르겠다. 결과는 열어봐야 알 테니. 그려놓지 않은 미래는 불안하지만 그 이상의 설렘과 기대감을 선사한다. 구근으로 두둑해진 화분의 남은 공간을 흙으로 마저 채우고 물을 흠뻑 주었다. 베란다 창을 따라 화분을 테트리스 하듯이 잘 맞춰 넣었다. 사람 한 명이 게 걸음으로 걸을 만한 공간을 남기고 온도계 하나를 화분 옆에 두었다. 드디어 추식 구근 심기가 끝났다.

겨울

본격적으로 구근에서 잎이 올라오기 전까지는 관심을 두지 않는 편이 좋다. 싹이 올라왔다고 매일 들여다보면 필요 이상으로 물을 주게 된다. 작은 알맹이 속에 성장에 필요한 모든 요소가 들어 있으니 물도 적당히 햇빛도 적당히. 흙 표면은 삭막하고 황량해 보이지만 속은 그 어느 때보다 부산스럽다. 봄을 향하여 끊임없이 뿌리를 뻗어 내린다. 사선과 고난의 시기를 거치는 판타지 소설 속 주인공의 서사처럼 혹독한 겨울을 정면으로 맞서며 계절의 순리대로 키우다 보면 어느새 푸른 싹이 트고 꽃대를 올린다. 봄의 주인공이라면 응당 그런 서사 정도는 거쳐야 한다는 듯 자연의 섭리가 참 재밌다.

매년 구근을 심어도 결과는 매번 다르다. 그럼에도 겨울이 오면 난 기다렸다는 듯 구근을 심는다. 이전엔 결과보다 과정이 중요하다는 말을 믿지 않았었는데 이제는 조금 알 것 같다. 어떤 형태의 과정이든 불필요한 것은 하나도 없다.

내 작은 정원 이야기

구근은 뿌리가 나기 시작하면 흙을 비집고 점점 표면으로 올라온다. 너무 얕게 심으면 꽃봉오리가 올라올 때 무게를 이기지 못해 쓰러지기도 한다. 화분에 구근을 심을 때는 구근이 거의 보이지 않도록 심는 것이 좋다.

겨울

구근을 깊게 심어보고 얕게도 심어본다. 기온에 따라 물도 매번 다르게 준다. 어느 화분은 해가 잘 드는 곳에, 다른 화분은 반그늘에 두며 키우기도 한다. 늘 반복되는 과정 속에서 조금씩 배워나가고 이듬해엔 좀 더 나은 결과를 얻으며 시행착오를 반복한다. 이 과정 속에서 나도 조금씩 변하고 있다는 걸 느낀다. 가끔은 기대했던 만큼 꽃이 피지 않아서 실망하기도 하지만 그런 순간조차 나름의 의미가 있다. 실패도 배움이고 그 배움이 쌓여 나만의 작은 정원이 조금씩 완성되어 가니까. 그 과정 속에서 나의 마음도 점차 차분해지고 조급함이 서서히 사라져간다.

식물을 키운다는 건 어쩌면 기다림의 연속인지도 모르겠다. 겨울엔 봄을 기다리고 여름엔 가을을 기다리며 미래를 그린다. 봄을 그리며 구근을 심었으니 이제 내가 해야 할 일은 기다리는 것뿐이다. 침대에 앉아 귤을 까먹으며 느긋하게 겨울을 즐겨보자.

내 작은 정원 이야기

| ✂ | 네모 속 각자의 초록 | 23/12 |

제라늄, 필로덴드론, 몬스테라, 긴잎아카시아, 클리핑 로즈마리,
독일가문비나무, 아레카야자, 호야, 튤립, 수선화

늦은 밤 러닝을 마치고 아파트 단지에 들어서면 수많은 직사각형 불빛들이 보인다. 이 시간까지 베란다가 환한 집들에 자연스레 눈길이 간다. 대부분 식물등을 켜둔 집들이다. 저 집은 제라늄을 많이 키우네, 이 집은 필로덴드론속이 많고…. 베란다 천장까지 자란 몬스테라를 구경하다 너무 빤히 보는 것 같아 시선을 돌린다. 우리 집은 어떻게 보이려나? 단지 끝에 있는 우리 집 베란다를 보고 웃음이 나왔다. 저건 누가 봐도 식물 키우는 집이잖아. 무성하게 자란 긴잎아카시아와 클리핑 로즈마리가 창에 찰싹 붙어 있다. 이 단지

겨울

에서 식물을 키우는 누군가도 우리 집을 유심히 보고 가려나.

아침에 베란다에서 물을 주다 문득 어젯밤의 광경이 생각나 창가에 있는 화분을 가지런히 정리했다. 자다가 눌린 머리카락도 손가락으로 쓱쓱 빗는다. 에이, 가장 끝에 있는 집인데 보는 사람은 없겠지. 그날은 온종일 눈이 왔다. 크리스마스이브에 눈이라니! 이렇게 로맨틱할 수가. 베란다로 나가 창을 열고 커다란 독일가문비나무에 쌓이는 눈을 바라보았다. 사진을 남기고 싶어서 카메라를 켜는데 저 밑에서 찰칵찰칵 소리가 들린다. 중년의 여성이 독일가문비나무 앞에서 사진을 찍고 있었다. 그 모습을 바라보던 나와 눈이 마주치고 서로 배시시 웃는다. 한 5분쯤 지났을까. 초인종이 울리더니 아까 마주친 여성분이 문 앞에 서 있었다.

"아가씨! 나 여기 6층에 살아요."

내 작은 정원 이야기

집 앞의 커다란 독일가문비나무. 아쉽게도 이 겨울 이후로 잘려나가 다신 볼 수 없는 풍경이 됐다.

겨울

"식물 좋아하지? 다음에 우리 집에 와서 식물 구경해요. 이 옆길로 지나다니는데 아가씨가 베란다에서 항상 뭘 하고 있더라고."

옆집 아주머니와도 어색하게 인사만 나누고 사는 사이인데, 갑자기 훅 들어온 낯선 이의 초대에 당황했다. 아까가 딱 좋았는데. 적당히 떨어진 거리, 근사한 장면을 담고 싶은 마음에 공감한다는 웃음과 동시에 닫은 베란다 창까지. 딱 거기서 끝난 에피소드인 줄 알았는데 어째 1화에서 끝날 것 같지가 않았다. 그런데 내가 너무 불편한 티를 냈나. 그녀는 선택지를 남긴 채 비상구 계단으로 사라졌다.

"불편하면 안 와도 되니까 편하게 생각해요."

6층이랬지? 그날 저녁 러닝을 하고 돌아오는 길에 하나둘 칸을 세어보니 정말 6층 베란다에 식물이 무성하게 자라 있다. 종목은 나와 좀 다르지만. 식물들이다 크네. 다육이도 많고. 큰 식물들은 한쪽에 나란히 줄지어 있고 하얀 선반엔 작은 화분들이 놓여 있었다. 문득 저 네모 속 세상이 궁금해졌다. 한번 가볼까? 가서 식물만 보고 나와야지.

크리스마스 다음 날 오후 롤케이크 하나를 들고 6층 식집사의 집에 들렀다. 문 앞에 서니 후회가 밀려왔다. 아무도 없기를 바라는 마음이 커졌다. 아무도 없었으면 좋겠다. 롤케이크는 내가 먹으면 되니까 하고 생각하는 순간 문이 열렸다. 집에 본인뿐이라며 반겨주는 그녀의 집은 그야말로 오래된 식물원 같았다. 내 키보다 훨씬 큰 아레카야자들이 코너마다 있고 선반엔 다닥다닥하게 자란 호야가 가지런하게 늘어져 있었다. 이 아파트가 완공된 1994년부터 있었을 것으로 짐작되는 옥색 방문과 묘하게 잘 어울렸다. 베란다에 일렬로 세워둔 철제 선반 위엔 화분이 두 줄로 정리되어 있고 알록달록한 다육이가 심겨 있었다.

겨울

식물 구경을 마치고 내어주신 차를 마시는데, 눈이 마주친 그날의 이야기가 나왔다. 베란다에 나와 있는 내 모습을 자주 보아서 내적 친근감이 생기던 와중에 마침 그날 나와 눈이 마주쳤고 정말 충동적으로 우리 집 초인종을 눌렀다고. 올봄 우리 집 베란다에 가득 피었던 튤립과 수선화도 보셨단다. 수줍게 웃으며 말씀하시는 모습이 사랑스러웠다. 그 말을 마치자마자 나도 상기되어 찍어둔 식물 사진을 잔뜩 보여드렸다. 해가 질 때까지 식물 이야기를 나누다 남편분이 오시고서야 대화가 끝났다. 그녀는 가는 길에 다육이 화분을 하나 쥐여주시며 다음 달엔 함께 식사를 하자는 이야기를 건넸다.

그 집에 다녀온 후 여전히 그 순간들이 머릿속에서 맴돌았다. 정원을 가꾸는 일은 마음과 감정의 확장이다. 누군가와 그것을 공유하는 일은 더없이 특별한 순간이었다. 네모 속 각자의 초록. 다른 이들의 이야기가 궁금해졌다. 이럴 때는 생각하지 말고 실행해야 한다.

내 작은 정원 이야기

바로 앱을 통해 동네 식집사 모임을 만들었다. 낯을 가리는 평소의 나라면 있을 수 없는 일이다. 걱정보단 더 많은 이들과 식물 이야기를 나눌 수 있다는 것에 설렌다. 크리스마스이브에 초인종을 눌렀던 그녀처럼 생각지도 못한 용기가 삶을 더 넓은 곳으로 인도해줄지도 모르지.

| ✎ | 나이테 | 25/01 |

클레마티스, 가문비나무

지난달엔 2년간 연재하던 식물 일기를 쉬었다. 겨울이니까. 이 계절엔 조금 쉬어가도 되지 않을까 싶었다. 물론 밖은 여러 일로 시끄러웠지만(당시에 해외여행 중이라 뉴스를 보고선 집에 못 돌아오는 줄 알았다). 1월에서야 재정비를 할 겸 베란다 정원을 꼼꼼히 둘러보기 시작했다. 물을 주며 지난달을 되돌아보았다. 12월 식물 일기를 쉬었던 다른 이유 중 하나는 마음이 분주했기 때문이다. 해외에 나가 있었고 돌아오고 나서도 좀처럼 정신을 붙잡을 수가 없었다. 여행지에서 한국 뉴스를 보며 마음이 복잡했던 것도 사실이다. 어쩌면 몸은 움직였어도 마음은 미처 따라오지 못한 상태였던 것 같다. 뒤늦게 따라가느라 여유가 없었다. 그래서인지 한동안 식물들에게도 신경을 쓰지 못했다.

새해에 마주한 베란다 정원은 고요했다. 한 달간 신경을 제대로 쓰지 못했는데 이 정도면 괜찮지. 겨울이 아니면 누릴 수 없는 호사다. 이 적막이 나쁘지 않다고 생각하며 천천히 둘러보다 한 달 가까이 잊고 지낸 클레마티스 화분에 물을 주었다. 긴 시간 방치했으니 어떤 상태인지 알 수가 없어서 초조해졌다. 마른 흙에 물이 스며들자 꼴깍꼴깍 물을 마시는 듯한 소리가 났다. 마냥 고요하진 않구나. 또렷하게 느껴지는 소리에 가라앉아 있던 감각이 깨어났다. 며칠 뒤 클레마티스의 마른 가지 사이에서 조그마한 초록빛이 보였다. 새순이었다. 아직 이어져 있구나. 한동안 신경 쓰지 못한 사이 깊숙한 곳까지 말라버린 건 아닐까, 더 이상 새순을 내지 않는 건 아닐까. 내심 걱정을 했었다. 겨

겨울

구근은 있는 듯 없는 듯 신경을 쓰지 않는 것이 오히려 더 좋다. 자주 보게 되면 물을 주어야 할 것 같고, 싹이 나지 않으면 무언가 잘못된 건 아닐까 고민하게 된다.

내 작은 정원 이야기

클레마티스의 새순. 난 아직도 이 녀석을 잘 모르겠다. 꽃을 본 적도 없고 어떻게 해야 피는지도 알 수 없다. 지금도 알아가는 중이다.

겨울

울이니 한껏 말라버리는 식물들도, 그래도 녹색을 유지하는 식물들도 있고, 멈춘 것처럼 보이지만 보이지 않는 곳에서 조용히 살아가고 있는 식물들도 있다. 흙에 물을 준 순간 끊어질 듯하면서도 이어져 있다는 어떤 안도감을 느꼈다. 어쩌면 올해의 시작을 그런 기분으로 맞이하고 싶었던 건지도 모르겠다.

이 감각이 낯설지 않았다. 지난 12월, 홋카이도를 여행하던 중 시코쓰호수 근처에서 지나친 가문비나무 숲이 떠올랐다. 나무들이 줄을 맞춘 듯 일렬로 서 있던 그 풍경이 어딘가 묘하게 마음에 남았다. 그 당시에는 단순히 누가 이렇게 심은 걸까 하는 궁금증이 들었다. 하지만 숲을 지나던 순간 마음속 무언가가 조용히 흔들리는 듯한 기분이 들었던 것도 분명했다. 어떤 이유 때문인지 몰랐지만 무언가 환기되는 느낌이 있었다. 살면서 듣지도, 보지도 못한 광경이었으니까.

새해가 되어 고다 아야의 《나무》라는 책을 읽고 나서

야 그 감정의 정체를 알게 되었다. 홋카이도에서는 쓰러진 가문비나무 위에 새로운 세대가 자라나며 세월이 겹쳐지고, 그 결과 나무들이 줄을 맞춘 숲이 탄생한다는 이야기. 내가 본 풍경은 자연의 질서 속에서 만들어진 것이었다. 앞선 생명의 흔적과 다음 생명이 나란히 이어진 숲. 그걸 알게 되자 다시 그 풍경이 떠올랐다. 내가 그때 느낀 감정은 보이지 않는 곳에서 이어지고 있는 것들을 무의식적으로 알아차렸던 것이 아닐까.

나는 종종 어떤 것들이 끊어졌다고, 멈춰버렸다고 생각하곤 했다. 잠깐이라도 느껴지지 않으면…. 그러지 말자고 다짐해도 어쩌면 여기까지인가 싶어서 그만둘 때가 많았다. 12월 식물 일기를 쉬면서도 그랬다. 이 흐름이 끊긴 건 아닐까? 다시 쓰기 어려워지는 건 아닐까? 하지만 식물들은 스스로 멈춘 적이 없다. 보이지 않는 뿌리들은 여전히 살아 있고 가지 끝의 작은 눈들은 조용히 봄을 기다린다.

겨울

시코쓰호수 근처. 눈 덮인 들판 너머로 보이는 숲.

내 작은 정원 이야기

하물며 나무는 어떤가. 해마다 나이테를 남긴다. 비가 많이 온 해에는 넓은 나이테가, 가뭄이 든 해에는 좁은 나이테가 생긴다. 그해가 어떠했든 간에 나무의 속에는 그 흔적이 남는다. 그럼 나는? 나에게도 그런 흔적이 남아 있을까? 어디에도 기록되지 않은 시간들, 일기장에도 적지 않은 감정들, 누구에게도 말하지 않았던 순간들. 그것들은 어쩌면 나만의 나이테일지도 모른다. 흐릿하게 남아 쉽게 눈에 띄지는 않지만 결국 나라는 사람을 이루는 한 겹의 결이 되어가는 것. 식물을 돌보면서도, 여행을 하면서도, 책을 읽으면서도, 나는 조금씩 나만의 나이테를 새기고 있었을 것이다. 내가 그것을 인식하지 못하는 동안에도.

정원을 바라보며 문득 그런 생각이 들었다. 지금 내가 마주한 이 장면은 단순히 시간의 일부일 뿐이라는 것. 마치 한 권의 책에서 페이지를 넘긴 순간처럼, 지금은 이 한 장면이 펼쳐져 있는 것일 뿐이다. 베란다의 식물들, 그리고 나는 어쩌면 이미 다음 장면으로 넘어가

겨울

고 있는지도 모른다. 페이지를 넘길 때 그 움직임을 의식하지 않는 것처럼 말이다. 지금 내 앞에 펼쳐진 이 겨울은 곧 다른 장면이 되겠지. 나는 이 겨울을 어떻게 지나야 할까. 가문비나무 숲처럼 지금 이 순간에 있는 것들을 흘려보내듯 바라보며 서 있는 건 어떨까. 한자리에서 그저 이 겨울을 견디는 것도 나쁘지 않을 것 같다. 이 또한 한 겹의 결로 남을 테니까.

내 작은 정원 이야기

| ✎ | 겨울의 끝자락 | 23/02 |

백화등, 등나무, 수국, 블루바드, 에파크리스, 아카시아 코그나타,
베고니아, 필로덴드론, 크로커스, 수선화, 튤립

요즘은 퇴근 후 집에 도착하면 곧장 베란다로 향한다. 베란다에서 월동하는 식물들은 외관만 보면 작년 11월의 모습에 비해 별로 달라진 것이 없다. 그럼에도 쭈그리고 앉아 앙상한 가지와 흙만 남은 화분을 빤히 바라본다. 이때 나는 온갖 상상을 하기 시작한다. 뿌리가 많이 자랐을까? 화분에 물을 준 지가 한참 됐는데 아직도 안 말랐네. 과습으로 뿌리가 썩은 건 아니겠지? 슬슬 새순이 보여야 하는데…. 어라, 오늘은 조금 다르다. 어제는 보지 못했던 것들이 보인다. 백화등과 등나무 가지의 마디마다 아주 작은 초록빛이

(겨울)

수국은 가지만 남은 상태로 겨울을 난다. 2월부터는 잎눈이 커지며 부풀다가 어느 순간 톡 터지며 푸른 잎이 난다. 그해에 꽃이 피는 수국은 이파리가 나고 얼마 지나지 않아 바로 꽃봉오리를 만들기 시작한다.

내 작은 정원 이야기

반짝이고 수국의 눈자리는 금방이라도 무언가 나올 듯 팝콘처럼 부풀어 있다. 걱정하던 사이 식물은 이미 저만치 앞에서 나를 기다리고 있다.

겨울을 게으르게 보내지 않았다고 생각했는데 2월이 오니 해야 할 일이 태산이다. 쭈그려 앉아서 화분을 구경할 시간에 베란다 청소나 할 걸 그랬나 싶다. 창틀과 선반 틈에 쌓여 있는 낙엽과 마른 가지, 사방에 튀어 있는 정체불명의 알비료까지. 지난 계절의 잔해를 치우고 물청소를 했다. 구석구석 물을 뿌리다 보면 온갖 식물들의 잔해가 떠내려온다. 지난여름에 죽은 블루바드, 에파크리스, 아카시아 코그나타의 가지부터 한 달 전에 냉해를 입어 구석에 밀어 놓은 베고니아 던 밀러와 필로덴드론 콩고의 이파리까지. 잊고 지내던 구남친을 만난 기분이랄까. 만나서 반가웠고 다신 보지 말자. 부끄러운 추억을 물과 함께 떠내려 보냈다.

겨울

청소를 마치자 바닥에 반짝이는 오후의 햇살이 제법 따뜻했다. 이제 정말 봄이 오려나? 세상에. 베란다 온도가 20도를 넘었다. 한창 올라오는 구근의 꽃대가 말라버릴지도 모른다. 이렇게 따뜻한데 물을 조금 과하게 주어도 괜찮다고 생각하며 듬뿍 주었다. 웬걸. 다음 날 봄은 온데간데없고 칼바람이 불어닥쳤다. 베란다 온도를 보니 영상 3도밖에 안 되는 한겨울의 날씨였다. 그날 이후로 며칠 동안 지속되는 추위에 화분의 물은 마를 틈이 없어 보였다. 쑥쑥 올라오던 구근들은 성장을 멈췄고 내 속은 타기 시작했다. 이러다 구근이 썩어버리면 어쩌지. 이 시기엔 날씨 변덕이 심하다는 것이 이제야 기억났다. 매년 이 점을 잊어버리고 2월이 반 이상이나 지나서야 떠올린다. 이미 물은 엎질러졌으니 이 시기가 무사히 지나기를 기다리는 수밖에 없었다.

변덕스러운 2월의 끝이 다가왔다. 구근 화분 중 하나가 뭔가 달라졌다. 바늘을 닮은 잎 사이로 꽃봉오리가

크로커스 킹오브더스트라이프트.

겨울

크로커스 리멤버런스.

올라왔다. 크로커스다. 다들 봄의 주인공이라 하면 수선화와 튤립을 꼽지만 강렬한 인상을 남기는 건 크로커스라고 생각한다. 가장 먼저 피어나 봄을 알리고 금세 져버리니까. 크로커스로 하여금 단색의 겨울에 안녕을 고하고 다가오는 봄에 인사를 건네는 셈이다.

식물을 키우며 맞이하는 네 번째 봄을 앞두고 있다. 작년 이맘때 즈음의 나는 여러모로 어설펐던 기억이 난다. 관엽식물만 키워봤으니 구근도 과습이 올세라 흙을 말려가며 키웠고, 그 결과 많은 구근 중 수선화와 일부 튤립만이 꽃을 피웠다. 힘겹게 피어난 그 꽃들조차 얼마나 사랑스러웠던지 모른다. 그해 여름까지도 만나는 사람마다 갤러리에 가득한 (그렇지만 몇 종류 안 되는) 꽃 사진을 보여주었다. "식물 좋아하세요?" "지난가을에 심은 수선화가 봄에 꽃을 피웠어요." "갤러리에 사진이 있는데, 보여드릴게요!" 한바탕 자랑을 하고 나서야 대화의 본론으로 들어갔다.

식물에 관심이 없던 때엔 겨울에서 봄으로 넘어가는 시기가 되면 이유를 알 수 없는 울적함이 찾아왔다. 아니, 계절이 바뀌는 때마다 그랬던 것 같다. 반복되는 일상 속에서 시간만 빠르게 흐르는 듯한 기분은 나에게 불안감을 던져주었다. 식물을 키우기 시작하면서 이전보다 시간이 더 빨리 흘러가는 느낌을 받지만 이제는 불안하지 않다. 오히려 내 일상과 시간이 조화롭게 흘러가는 듯한 기분이다. 늘 옆에 두고 보는 카렐 차페크의 《정원가의 열두 달》이라는 책에는 이런 구절이 있다. "더 좋은 것, 더 멋진 것들은 늘 한 발짝 앞에서 우리를 기다린다. 시간은 무언가를 자라게 하고 해마다 아름다움을 조금씩 더한다. 신의 가호로 고맙게도 우리는 또다시 한 해 더 앞으로 나아간다!" 봄에는 어떤 멋진 것들이 나를 기다리고 있을까. 가드닝의 묘미란 바로 이런 것이 아닐까.

크로커스 로맨스.

| ♪ | 화분 취향 | 24/02 |

히아신스, 튤립, 고사리

히아신스가 꽃을 피우기 시작했다. 추식 구근이 꽃을 피운다는 건 건 봄이 코앞이라는 뜻이다. 요즘 매일 아침 구근 화분마다 손가락을 깊이 넣어보고 흙의 물기를 가늠한다. 꽃대가 올라온 상태에서 물을 말리게 되면 꽃대가 쪼그라들어 잎만 남거나, 꽃이 핀다 하더라도 향이 변질되기 때문이다. 우리 집엔 토분이 대부분이라 물마름에 더 취약하다. 토분은 다른 재질에 비해 물마름이 빠르고 또 제각각이다. 적당한 수분을 지속적으로 머금고 있어야 하는 추식 구근의 생육 조건과는 정반대다.

수선화 돌리 물린저. 겨울을 거치며 주황색이던 토분 표면에 하얀분이 생겼다.

겨울

구근을 처음 심었을 당시 여러 유튜버의 영상을 참고했다. 그때는 토분을 추천하지 않는다는 그들의 말을 이해하지 못했다. 이듬해 봄 튤립 농사를 거하게 망치고 나서야 알았다. 하지만 나는 그다음 해에도 토분에 구근을 심었다. 토분이 멋있다는 단순한 이유에서다. 슬릿분에 심으라는 친구의 조언에도 굴하지 않았다. 내 책장 속 영국 정원사의 책엔 멋진 토분에 심은 구근 사진들이 많다. 영국의 고풍스러운 조적 건물 앞에 놓인 수많은 토분 사진을 보고 나니 플라스틱 화분은 눈에 차지 않았다. 비록 여기가 영국은 아니더라도 토분에 구근을 심는 건 가능하잖아? 두 개에서 시작한 토분이 지금은 수십 개로 늘어났다. 지금 나는 실내 가드닝의 완성은 토분이라고 말할 정도로 토분 마니아다. 조금 귀찮아도 어쩔 수 없다. 매일 흙에 손가락을 넣어서 수분을 확인하느라 손톱 밑이 까매져도 좋다. 세월의 흔적이 고스란히 묻어난 토분들이 모여 있는 모습에 흐뭇하기만 하다.

지난 식물의 흔적이 남아 있는 토분들. 흙을 가볍게 털어내고 그대로 쌓아뒀다.

겨울

토분의 장단점은 명확하다. 물마름이 빠르기 때문에 과습을 걱정하지 않아도 되고 흙의 자연스러운 질감이 그대로 드러나 어떤 식물과도 잘 어울린다는 장점이 있다. 단점은 정말 무겁다는 것. 물을 주면 화분이 물을 흡수해 훨씬 무거워진다. 물마름이 빠르다는 장점이 고사리같이 흙을 촉촉하게 유지해야 하는 식물들에겐 단점이 되기도 한다.

내가 특히 좋아하는 건 테라코타 화분이다. 유약 없이 흙을 고온에 구워 오래된 조적 건물처럼 자연스러운 요철과 색감이 상당히 매력적이다. 다만 충격에 약하고 일반 토분보다 훨씬 많은 물을 흡수해 엄청나게 무거워진다. 화분을 나를 때 혹여나 떨어뜨릴까 숨도 쉬지 않고 후다닥 걸어가야 한다. 손에서 미끄러져 깨지는 경우도 많다. 얼마 전에도 아끼던 토분을 깼는데, 깨진 토분에 심었던 식물을 플라스틱 화분으로 옮길까 잠시 고민했다. 다른 토분에 멋스럽게 자리 잡은 식물을 물끄러미 바라보다 결국 모른 척 새로운 토분을 주문했다. 내 베란다 정원에 플라스틱 화분은 있을 수 없다는(덕분에 사서 고생하는) 나름의 확고한 철학 때문이다.

토분은 물을 잘 흡수하는 특성으로 인해 화분 외부에 이끼와 곰팡이가 생기기도 한다. 토분을 사랑하는 사람들 사이에서도 이런 특성 때문에 취향이 갈린다. 자연스러운 변화를 즐기는 사람이 있는 반면, 이끼와 곰팡이 하나도 용납하지 않고 매년 봄마다 토분을 철수세미로 깨끗이 닦는 사람도 있다. 나는 전자에 가깝다. 이끼와 곰팡이는 토분과 식물이 함께 보낸 세월의 흔적이라고 생각한다. 오히려 언제 생기려나 기다리기도 한다. 막 구입한 듯 정갈하고 깨끗한 화분보다는 금이 가거나, 깨졌다 붙인 자국이 있는 오래된 화분이 좋다. 흙 표면에 이끼가 껴 있으면 더 좋고. 오래된 가구와 조명이 그러하듯 화분이 보낸 세월을 넌지시 알려주는 느낌이랄까. 몇 년 동안 함께한 식물과 화분은 하나의 예술작품 같다.

겨울

이끼가 자라고 금이 가 있는 화분은 그 자체로 한 편의 이야기를 담고 있다. 각각의 흔적은 그 화분이 겪어온 시간과 환경, 심지어 그 안에서 자라난 식물의 역사까지도 말해준다. 나는 식물뿐만 아니라 화분에도 생명이 깃들어 있다고 생각한다. 시간의 흔적을 간직한 화분들과 함께하다 보면 정원은 생명과 함께 역사가 숨 쉬는 곳으로 변모한다. 해를 거듭할수록 정원 속 식물들의 색채가 더욱 깊어지는 것을 느낀다. 단순히 시간의 흐름 때문만이 아니라 함께 나이를 먹는 화분 덕분인지도 모르겠다.

시간이 지날수록 본래의 색은 흐려지고 점점 화분 각자의 특성이 드러난다.

겨울

| ✎ | 나무가 지켜온 시간들 | 25/02 |

독일가문비나무, 살구나무, 목련, 벚나무

과천에 가는 날은 늘 기분이 좋다. B 언니가 운영하는 선물 가게에 들르는 것이 주목적이지만 무엇보다 과천이라는 동네 자체가 나를 설레게 한다. 우리 동네 다음으로 좋아하는 곳. 전철에서 내리면 다소 쌀쌀한 2월의 공기가 스치지만 기분만큼은 묘하게 따뜻하다.

이곳에 오면 언제나 나무들이 먼저 눈에 들어온다. 오래된 연립아파트보다 훌쩍 자란 나무들이 길가를 따라 늘어서 있다. 도시 한가운데서도 나무가 사람보다 더 오래 살아남은 곳. 그래서일까. 과천은 언제 와도

내 작은 정원 이야기

고요하고 안정적인 느낌을 준다. 낯선 곳을 좋아하지 않는 내가 이곳을 처음부터 편하게 느꼈던 이유다. 건물들은 조금씩 변했겠지만 나무들은 여전히 그 자리에 서 있다.

B 언니의 가게에서 창밖을 바라보며 다가올 봄엔 얼마나 근사할까, 잠시 상상했다. "여긴 재개발을 해도 나무는 베지 않았으면 좋겠는데." 이 말을 시작으로 대화는 과천의 재개발 이야기로 흘러갔다. 과천에 사는 B 언니는 나무를 보존하는 일이 현실적으로 어렵다고 답했다. 시공사의 입장에서 나무는 공간을 차지하는 요소일 뿐이니까. 그들은 아파트 한 채라도 더 지을 수 있는 땅을 낭비한다고 생각할 것이다. 나무를 없애면 공간이 생기고 공간이 생기면 더 넓은 건물을 세울 수 있으니까. 하지만 도시가 꼭 이런 식으로 재구성되어야 할 필요가 있을까. 나로서는 이해할 수 없지만…. 각자의 가치관을 어디에 두느냐에 따라 다를 테니 비난하고 싶진 않다. 그저 마음이 불편할 뿐이

겨울

과천에 가면 재개발 예정인 동네를 둘러본다. 오래된 연립과 그보다 훌쩍 자란 나무들이 그려낸 장면들은 내 기억 속 깊은 곳에 있는 어린 시절과 닮았다. 또 지금은 잘 볼 수 없어서 낯설기도 하다. 이런 장면들이 점점 사라지면 더 낯설

내 작은 정원 이야기

게 느껴질까? 이곳도 기억하는 이들의 추억 속으로 사라질 테니 갈 때마다 여기저기 둘러보며 머릿속에 꾹꾹 눌러 담는다.

겨울

다. 나무가 사라진 동네는 기억의 한 조각이 뚝 잘려 나간 듯한 느낌을 주니까.

집 근처 지하철역에 내려서 고개를 들고 길가의 나무들을 바라보며 걸었다. 이곳에 얼마나 오래 있었을까, 이 나무 아래에서 얼마나 많은 사람이 지나갔을까. 나무가 있는 동네를 좋아하는 이유는 단순하다. 나무는 기억을 품고 있기 때문이다. 작년 여름, 우리 동네에 놀러 온 S와 함께 어릴 적 살던 아파트 단지를 일부러 지나갔다. 입구에 있던 커다란 살구나무가 아직도 있는지 궁금하기도 했고, 아직 있다면 그 나무를 꼭 보여주고 싶었다. 나에겐 특별한 나무였다. 어릴 적 그 나무 아래에서 뛰어놀았고, 여름방학 중엔 떨어진 살구를 주우러 아침 일찍 일어났던 기억이 있다. 그때의 나를 떠올리며 S와 함께 나무 아래에 섰다. 이 나무가 아직 남아 있다니 다행이라는 생각이 먼저 들었다. 어릴 적 뛰어놀던 나무 밑에 서서 그 시절을 추억할 수 있다는 건 엄청난 행운이다. 살구나무에 깃든 추억이

내 작은 정원 이야기

훌쩍 자란 나, 그 시절을 모르던 S에게까지 연결된 거니까.

하지만 모든 나무가 그렇게 남아 있는 건 아니다. 집 앞에 서 있던 커다란 독일가문비나무는 이제 없다. 지난 12월, 눈이 많이 오던 날 베란다에서 무언가 허전한 느낌이 들어 창밖을 바라보았다. 눈이 쌓인 거대한 독일가문비나무가 있어야 할 자리에 없었다. 그제야 알았다. 전주부터 관리 사무소에서 전지 작업을 하던 것을 보았는데, 무슨 이유에선지 3층인 우리 집을 훌쩍 넘어 6층 높이까지 자라 있던 독일가문비나무를 자른 것이다. 베란다 밖으로 고개를 내밀어 아래를 살펴보니 밑동만 덩그러니 남아 있었다. 그 자리에 나무가 없다는 사실을 알고 나서부터 집 앞 풍경이 낯설어졌다. 사라지고 나서야 나는 그 나무를 얼마나 자주 바라봤는지, 그 존재가 얼마나 컸는지를 알았다. 이 집에 이사 온 7년 전부터 눈이 많이 오는 날이면 가족들과 함께 독일가문비나무를 보러 베란다에 모이곤

겨울

했다. 이젠 다시 볼 수 없는 모습이 됐다.

오래된 나무들이 있는 동네를 좋아한다고 말하지만 사실 그것은 단순한 취향 이상의 문제일지도 모른다. 어떤 나무는 한 세대가 자라는 동안 그대로 그 자리를 지킨다. 그 아래에서 아이들이 뛰어놀고, 사람들이 지나가며 그늘을 피해 쉬었다 가고, 계절이 바뀔 때마다 나무도 함께 변해간다. 하지만 누군가의 기억을 담고 있던 나무도 도시의 변화 앞에서는 무력하다. 단지 나무만 없어지는 것이 아니라 그 나무가 지켜봐온 시간과 이야기까지 사라지는 것이다.

가끔은 이런 생각도 든다. 언젠가 내가 이 동네를 떠난다면 다시 돌아왔을 때 이 나무들이 그대로 남아 있을까? 남아 있지 않다면 내가 다시 이곳에 서서 예전의 나를 떠올릴 수 있을까? 살구나무 아래에서 열매를 줍던 그때의 여름을 기억할 수 있을까? 그런 생각을 하다 보면 나무 하나를 지킨다는 것이 단순히 환경

내가 사는 동네도 재개발을 피할 수는 없었다. 동네 외곽에 있던 야트막한 산도 몇 년 전 공원으로 바뀌었다. 이곳은 공사를 하면서도 대부분의 나무들을 그대로 두어서 세월의 흔적이 그대로 느껴진다. 봄이면 수많은 새싹이 자라나고 여름이면 새소리가 가득한 울창한 숲이 된다. 가을엔 잠자리 떼가 나무 사이를 맴돈다. 겨울엔 기다란 가지 위로 눈이 소복이 쌓인다. 나무들이 그대로 남아 있다는 사실만으로도 이곳은 동네에서 내가 가장 좋아하는 장소가 되었다.

(겨울)

을 보호하는 일이 아니라는 걸 깨닫는다. 그것은 장소의 기억을 보존하는 일이기도 하다. 나무가 남아 있는 한 그 아래에서 보냈던 시간들도 남아 있다. 나무가 사라지면 그곳에 얽힌 기억조차 불완전한 것이 된다.

나무들은 말없이 그곳에 머물며 계절을 거듭해 난다. 하지만 언젠가 내가 익숙하게 보던 나무들이 사라지고 그 자리에는 다른 풍경이 들어설지도 모른다. 가문비나무가 하루아침에 사라진 것처럼 살구나무가 있는 아파트 단지도 언젠가 사라지겠지.

동네의 나무들을 좀 더 자주, 오래 들여다보기로 했다. 최대한 눈에 많이 담고 기억해두어야지. 출근길에 늘 마주치는 목련 무리와 집 앞에 있는 아름드리 벚나무, 그리고 그 살구나무까지. 오래전부터 이 자리에 서 있던 나무들이다. 아마 내가 어릴 때도, 그리고 그 이전에도 이곳을 지키고 있었을 것이다. 집 앞 벚나무를 빤히 올려다보았다. 가지 사이로 아직 겨울

매년 봄이면 산책길에서 만나는 벚나무 숲.

겨울

의 공기가 맴돌지만 조금만 더 있으면 새잎이 돋아날 것 같다. 이 벚나무도 사라질 수도 있다는 사실을 이제는 안다. 늘 당연하다고 여겼던 것들이 더 이상 당연하지 않게 되는 순간이 있다는 걸 가문비나무가 사라진 그날 알았다. 한참을 멍하니 서 있었던 그 순간. 그때처럼 이 나무도 사라진다면 나는 어떤 표정을 짓게 될까?

익숙한 길을 지날 때마다 나는 내가 나고 자란 곳이 점점 낯설어지는 기분을 느낀다. 내가 사랑했던 풍경들이 점점 희미해져간다. 하지만 나무는, 적어도 나무는 남아 있기를 바란다. 살구나무 아래에서 S와 함께 서 있었던 그 순간처럼 그 자리에서 과거를 떠올릴 수 있는 행운이 계속되기를 바란다. 천천히 발걸음을 옮기면서도 몇 번이고 뒤를 돌아보았다. 오늘 본 나무들을 오래 기억하기 위해. 언젠가 이 자리에서 나무가 사라진다 해도 적어도 내 기억 속에서는 오랫동안 남아 있도록. 그래도 나무가 아직 이곳에 남아 있다는

내 작은 정원 이야기

사실이 적어도 오늘 이 순간만큼은 나를 안심하게 한다. 익숙한 것들이 여전히 곁에 있다는 것만으로도 충분한 위로가 되니까.

겨울

에필로그

기록을 남긴다는 건 흘러가는 시간 속에 작은 흔적을 새기는 일이다. 사소한 하루에도 무언가가 있었다는 걸 스스로에게 말해주는 방식이다. 처음부터 특별한 의미를 찾으려 했던 건 아니었다. 그저 스쳐가는 순간들을 놓치고 싶지 않았다. 식물은 매일 조금씩 달라진다. 주변의 상황이 어떠하건 자기만의 속도로 움직인다. 내가 기록을 시작한 것도 아마 그런 속도에 마음이 끌렸기 때문일 것이다. 급하게 판단하거나 확신하지 않고 그 순간에 잠시 머무르기 시작했다. 무언가를 바라보고, 돌보고, 다가가는 건 원래 시간이 필요한 일이니까. 식물과 함께한 시간들은 내가 살아가는 방식에 작은 균열을 내주었다.

돌이켜보면 어떤 식물의 성장을 따라 적어두었던 기

내 작은 정원 이야기

록들은 결국 그 곁을 지키던 나의 기록이기도 했다. 어느 계절에 어떤 마음이었는지, 식물을 보며 무슨 생각을 했는지. 그 당시엔 의식하지 못했지만 한 줄 한 줄이 쌓이며 삶의 방향을 조금씩 바꾸고 있었다. 정확한 설명이나 멋진 문장이 아니어도 좋았다. 기록은 증명하는 수단이기보다 마음의 움직임을 알아차리는 일에 가까웠다.

기록은 어떤 방향을 제시하지 않는다. 대신 정리하고 싶은 감정을 걸러내고 잊기 쉬운 마음을 붙잡아준다. 한바탕 적고 나서 돌아보면 삶에서 길을 잃어버릴 뻔한 나는 늘 원래 자리로 돌아가 있었다. 하루를 마치며 느낀 감정을 몇 마디 문장으로 일기장에 적고 식물에 물을 주며 떠오른 생각을 노트 귀퉁이에 써 내려갔다. 이 기록들은 지금 여기의 나를 바라보게 하고 아무 일도 일어나지 않은 날에도 그 하루를 살아낸 나를 인정하게 해주었다. 지나고 나서야 깨닫는 마음의 소리나 말로는 다 담기지 않는 감각 같은 것들. 그런 것

에필로그

들을 붙잡아두기 위해 지금도 계속 기록하고 있다.

식물과 마찬가지로 기록은 조용히 자란다. 당장은 아무 일도 일어나지 않는 것 같지만 돌아보면 그 시간이 나를 새로운 계절로 데려다주고 있음을 알게 된다. 이 기록도 또 다른 씨앗이 되어 바람을 타고 날아가지 않을까. 예상치 못한 곳에서 자라나 언젠가 나를 그곳으로 이끌어줄지도 모른다.

내 작은 정원 이야기

에필로그

부록

식물도 나도 봄을 준비하느라 여념이 없는 요즘. 봄이 오면 펼쳐질 아름다운 결과물도 좋지만 생명력이 넘치는 지금 계절의 모습도 좋다. 겨울이 삭막하다고 누가 그랬나. 봄을 준비하느라 이렇게 바쁜데 말이지.

내 작은 정원 이야기

이 세상의 모든 초록을 사랑해!

같은 일상 속에서 작은 변화를 관찰하는 즐거움. 하룻밤 사이에도 식물은 자라 있다. 여름이 주는 호사를 실컷 누려야지.

부록

난 식물 밑을 들여다보는 버릇이 있다. 고개를 옆으로 숙이고 보면 화분 속 새로운 세계가 펼쳐진다. 작디 작아 보였던 잎사귀들이 높은 나무처럼 자라 있고 이끼들은 폭신하게 흙을 뒤덮고 있다. 마치 작은 숲을 바라보는 느낌이다.

이제야 나를 돌보는 법을 알았다. 과거를 돌아볼 필요가 없다. 그때의 나는 그것이 최선이었으니까. 지금의 장면들이 모여 미래가 된다고 생각하니 현재에 충실하고 싶어졌고 작은 행복에도 만족하는 사람이 되었다. 오늘은 크로커스가 활짝 피어서, 바꾼 새 침구의 감촉이 좋아서 행복해.

내 작은 정원 이야기

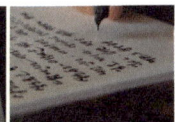

지금은 세상을 온통 초록빛에 빗대어 논하는 나지만 때론 무언가에 진지해지는 것에 겁이 나 제동을 걸 때도 있었다. 지금은 그저 마음 가는 대로 한껏 진지해져 보려 한다. 과거의 내가 보면 무언가에 진심인 지금의 내 모습이 꽤 괜찮다고 생각할지도.

부록

씨앗 뿌리기, 새싹 관찰하기, 분갈이하기, 화분 깨먹기, 가지란 가지는 다 주워서 물꽂이하기, 한련화 꽃봉오리 탐색하기, 나뭇가지 주으러 다니기… 나의 봄 일상.

   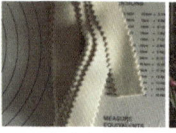 

이렇게 기쁨으로 충만한 봄을 보낸 적이 있었나. 퇴근하고 집에 오면 꽃 구경을 하느라 바쁘다. 오늘은 수선화가 활짝 피어서 기쁘고, 내일은 기다리던 튤립들이 필 테니 기쁠 테지. 이 시간이 천천히 흘러가기를!

내 작은 정원 이야기

내가 심은 씨앗과 뿌리에서 새싹이 날까 불안하다가도 저 흙 밑의 무한한 가능성을 믿는다. 신경 쓰지 않으려 해도 어쩔 수 없다. 저 안의 작은 우주를 의식하지 않기엔 이미 내 주위는 초록으로 가득한걸. 확신과 불안감, 기대와 실망. 식물과 함께하는 삶은 평온하지만은 않다. 그러니 질릴 틈이 있나. 알다가도 모르겠으니 재밌는 거지.

부록

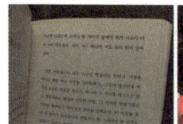

여름의 투명한 초록빛을 좋아한다. 봄도 가을의 무엇도 대체할 수 없는 그 청량한 기운이 정점에 오른 느낌이랄까.

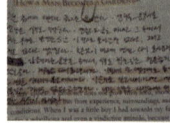

내 작은 정원 이야기

따뜻한 기운과 서늘한 바람이 교차하는 순간 그 빛은 여름의 끝자락인지 가을의 시작인지 분간할 수 없게 한다. 모호함 속에서 시간이 잠시 멈춘 듯한 고요함을 느낀다. 그래서 하루 중 찰나인 이 순간을 가장 좋아하는지도. 모든 것이 흐릿해지지만 동시에 더욱 선명해지는 느낌이다.

창밖에서 흩날리는 눈발 사이로 두부 트럭의 종소리가 들려온다. 멀어지는 종소리를 듣다 문득 겨울과 봄이 공존하는 지금이 어쩌면 가장 조화로운 계절이라는 생각이 들었다.

부록

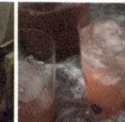

제 시간에 맞추어 살아가는 우리집 식물들. 어떤 이는 황혼, 또 다른 이는 아직 새벽. 속도는 다르지만 언젠가 아침이 온다는 사실은 변하지 않는다.

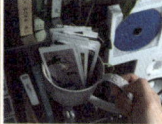

내 작은 정원 이야기

1월에 수선화와 튤립을 심었다는 그녀의 문장에선 익숙한 설렘이 묻어났다. 식물을 좋아하는 이들이 나누는 대화는 늘 계절 너머를 바라본다. 그래서 이 만남이 무척 기다려졌는지도 모른다.

제때 피어나는 꽃은 늘 반갑다. 계절이 어김없이 돌아왔다는 사실만으로도 마음이 놓인다. 이런 순간들이 삶 사이사이에 놓이다 보면 세상 일들이 그리 두렵지 않아진다.

 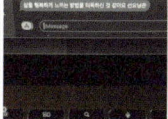  

부록

내 작은 정원 이야기

선요 지음

초판 1쇄 발행 2025년 8월 18일

발행 책사람집
디자인 오하라
제작 세걸음

ⓒ 2025, 선요

ISBN 979-11-94140-09-2 (03810)

책사람집

출판등록 2018년 2월 7일
(제 2018-000269호)
주소 서울시 마포구 토정로 53-13 3층
전화 070-5001-0881
이메일
bookpeoplehouse@naver.com
인스타그램
instagram.com/book.people.house/

이 책은 저작권법에 따라 보호받는 저작물이므로 무단 전재와 무단 복제를 금합니다.
책 내용의 전부 또는 일부를 이용하려면 반드시 저작권자와 책사람집의 서면 동의를 받아야 합니다.

파본은 구입처에서 바꿔 드립니다.